Gütersloher Taschenbücher/Siebenstern 498

LUISE SCHOTTROFF
DOROTHEE SÖLLE

Hannas Aufbruch

Aus der Arbeit
feministischer Befreiungstheologie
Bibelarbeiten, Meditationen, Gebete

GÜTERSLOHER VERLAGSHAUS
GERD MOHN

CIP-Titelaufnahme in der Deutschen Bibliothek

Hannas Aufbruch : aus der Arbeit feministischer
Befreiungstheologie ; Bibelarbeiten, Meditationen, Gebete /
Luise Schottroff ; Dorothee Sölle. – Orig.-Ausg. – Gütersloh :
Gütersloher Verl.-Haus Mohn, 1990
(Gütersloher Taschenbücher Siebenstern ; 498)
ISBN 3-579-00498-0
NE: Schottroff, Luise [Mitverf.]; Sölle, Dorothee [Mitverf.]; GT

ISBN 3-579-00498-0
© Gütersloher Verlagshaus Gerd Mohn, Gütersloh 1990

Das Werk einschließlich aller seiner Teile ist urheberrechtlich geschützt.
Jede Verwertung außerhalb der engen Grenzen des Urheberrechtsgesetzes
ist ohne Zustimmung des Verlages unzulässig und strafbar.
Das gilt insbesondere für Vervielfältigungen, Übersetzungen,
Mikroverfilmungen und die Einspeicherung und Verarbeitung in
elektronischen Systemen.

Umschlaggestaltung: Dieter Rehder, Aachen, unter Verwendung des Fotos
»Sizilianisches Mädchen«, 1890–1900, Aluminabzug, Sammlung Barbèri.
© Dirk Nishen Verlag, Berlin/Ulrich Pohlmann, München/Fotomuseum
München.
Satz: ICS Communications-Service GmbH, Bergisch Gladbach
Druck und Bindearbeiten: Clausen + Bosse, Leck
Printed in Germany

INHALT

Einleitung 7

DOROTHEE SÖLLE
Die Hände Gottes (Mk 1,14 f) 16

LUISE SCHOTTROFF
Jesu Vision (Mk 1,14 f) 20

DOROTHEE SÖLLE
Zählt nicht uns, sondern eure Tage (Ps 90) 30
*Erfahrungen mit einem Psalm 30 – Die konservative
Deutung 32 – Feststellen – Klagen – Beten 34 –
»Wir vermögen technisch alles« 36 – »Zählt nicht uns,
sondern eure Tage« 40 – Gebet nach dem neunzigsten
Psalm 43*

LUISE SCHOTTROFF
Unsere Arbeit zählt (Ps 90) 45
*Unser Leben fliegt davon 45 – Lehre uns, unsere
Tage zu zählen 50 – Zeitansage 58*

LUISE SCHOTTROFF
Wir riechen den nahen Sommer
(Lk 13,1–9; Mk 13,28–33) 61
*Die Perspektive der Überlebenden 61 – Die Geduld
Gottes 64 – ... dann wißt ihr, daß der Sommer nahe
ist 71 – Zeitansage: Die Stunde der Umkehr 75*

DOROTHEE SÖLLE
Die revolutionäre Geduld eines Gärtners
(Lk 13,6–9; Mk 13,28–33) 76

*Unsere Zeit in unseren Händen? 76 – Noch dieses
Jahr 78 – Eine Kultur der Apartheid 81 – Zeitansage I 83 – Eine Kultur des Mitleidens 84 – Die
revolutionäre Geduld 86 – Zeitansage II 90*

LUISE SCHOTTROFF/DOROTHEE SÖLLE
Hanna (1 Sam 1,1–11; 2,1–10) 95

*Wer weint, ißt nicht. Hannas Elend 95 – Hannas
Aufbruch. Ein Dialog 103 – Wir sind alle Prophetinnen 109 – Segen 118*

LUISE SCHOTTROFF
»Selig die Trauernden 119

DOROTHEE SÖLLE
»... die schreien nach Frieden und Gerechtigkeit 125

LUISE SCHOTTROFF
Christus, der versuchte Bruder (Hebr 2,10–18) 132

LUISE SCHOTTROFF
»Was sie tun konnte, hat sie getan« 142
Die Salbung in Bethanien (Mk 14,3–9)

LUISE SCHOTTROFF
Wir haben hier keine bleibende Stadt 155
Erfahrungen mit meiner Heimat

EINLEITUNG

I

Hanna bricht auf. Wir können diesen Prozeß an vielen Stellen unseres Landes und im Umkreis unseres eigenen Lebens beobachten. Frauen, gestern noch in stummem Leiden geduckt, kleiner gemacht, als sie wirklich sind, in einer resignativen Haltung dem Leben gegenüber befangen, nicht essend wie Hanna – oder zu viel essend wie manche ihrer heutigen Schwestern, stehen auf, überwinden die Trauer der Verlassenheit und beginnen ihr Leben anders zu organisieren.
Die Bewegung, in der der Aufbruch geschieht, nennen wir Feminismus. Sie ist nicht »prinzipiell gegen Männer« eingestellt, wie manche Frauen immer noch (und die meisten Männer in Selbstverteidigung defensiv reagierend) befürchten, aber sie ist gegen jeden Machtmißbrauch. Die Frauenbewegung ist nicht ein neuer Rassismus, bei dem Männer einfach wegen ihrer biologischen Ausstattung als aggressiv, unsensibel, gewalttätig und machtbesessen definiert werden, aber sie räumt mit dem herrschenden, dem realen Sexismus auf, der die Hälfte der Menschheit diskriminiert und benachteiligt, ausnutzt und rechtlos macht. Sie wagt sich an die heiligsten Kühe unserer Gesellschaft: den Militärapparat mit all seinen Privilegien, uns Land und Luft und Menschenkinder wegzunehmen, die Wissenschaft mit ihren von Profit und Karriere diktierten Prioritäten und auch die Kirchen mit ihrer tief verwurzelten Ungerechtigkeit.

Feministische Theologie braucht die Befreiung. Hanna muß aus der Lebenstraurigkeit, die oft gerade die sensibelsten Frauen überwältigt, heraus. Das geschieht im Bündnis mit den großen Bewegungen der Freiheit, die sich im Kampf befinden gegen die Zerstörung der natürlichen Lebensgrundlagen, gegen die Verarmung der Ärmsten und gegen die neurotische, auch in unserm Land keineswegs erloschene Tötungssucht. Das Wasser unserer Enkel wird nicht trinkbar gemacht, aber der Jäger 90 wird vermutlich gebaut und benutzt.

Viele Frauen erschrecken vor Ausdrücken wie »Kampf«, Auseinandersetzung und Radikalität der notwendigen Veränderung. Sie sind zum Harmoniestiften erzogen worden, sie versuchen, allen gerecht zu werden und, wenn irgend möglich, »unpolitisch« zu bleiben. Aber dieser Wunsch übersieht die wirklichen Opfer der gentlemen im Bankkonsortium, die dafür sorgen, daß südafrikanische Kinder weiterhin nicht mit ihren Müttern zusammenleben dürfen. Es kann ohne Befreiung keine Versöhnung geben, ohne Umkehr kein neues Herz aus Fleisch statt des steinernen. Feministische Theologie ist untrennbar vom Projekt der Befreiung, an dem viele Frauen arbeiten: schwarze und weiße, Dienstmädchen und Sekretärinnen, Angestellte und Hausfrauen, Prostituierte und Theologinnen. Das Ziel der Befreiung hat durch die christliche Ökumene einen Namen bekommen: Gerechtigkeit, Frieden und Bewahrung der Schöpfung. Dieser Name soll nicht die Befreiungsarbeit von Gläubigen anderer Religionen oder von AtheistInnen vereinnahmen, sondern setzt die Geschwisterlichkeit voraus, die aus der Arbeit für die Befreiung entsteht – zwischen ChristInnen und NichtchristInnen ebenso wie zwischen Männern und Frauen. Unterdrückte entwickeln im Prozeß der Befreiung ihre eigene Sprache, da die Sprache der Herren für sie unbrauchbar geworden ist. Die feministische Theologie, an deren Entwicklung wir mitarbeiten, denkt über eine Sprache für den christlichen Glauben nach, die der Befreiung von Frauen dient.

II

Dieses Buch ist ein Arbeitsbuch für Frauen, die an und mit der Bibel lernen. Es ist entstanden aus dem Deutschen Evangelischen Kirchentag Juni 1989 in Berlin. Wir beiden Autorinnen haben unsere Arbeiten für diese Versammlung miteinander ausgetauscht und abgesprochen. Wir haben auch versucht, auf andere Frauen, meist jüngere, mit denen wir zusammenarbeiten, zu hören. Wo steht die christliche Frauenbewegung heute, was ist Thema, welche Fragestellungen bewegen die Frauen, welche Ängste und Sorgen sind für viele Frauen in und am Rande der Kirche wichtig. Nicht als ob wir nur aufgriffen, was gerade »trendy« ist. Einer Theologie gegenüber, die — entpolitisiert — mehr oder weniger Psychologie als das wichtigste Opium der Mittelklasse verteilt, komme sie von Frauen oder von Männern, haben wir Einwände und Vorbehalte. Die Wurzeln der feministischen Theologie liegen in den Befreiungserfahrungen, die mitten in der Unterdrückungsgeschichte von Frauen erkämpft worden sind. Die Unterdrückungsgeschichte zu analysieren und die Konsequenzen zu ziehen, ist unumgänglich.

Einer der theologischen Orte, die heute äußerst umstritten sind, ist die Rede vom Leiden, das in der jüdischen Theologie, in der Kreuzestheologie und überhaupt in der christlichen Theologie eine so überragende Rolle spielt. Im christlichen Glauben wird (wie in der jüdischen Tradition) dem solidarischen Leiden der Völker und der Einzelnen eine verändernde lebenschaffende Kraft zuerkannt. Das »Kreuz mit dem Kreuz« ist tief eingebettet in den biblischen Realismus, den dieses Buch lehren soll und aus dem wir beide immer eindeutiger leben. Nicht Masochismus und Sadismus sind unsere wichtigsten Themen, obwohl wir ihre kritische Aufarbeitung für notwendig halten (vgl. D. Sölle, Leiden, Stuttgart 1973), wohl aber die Konsequenzen, die jedes Eintreten für das Leben in einer todessüchtigen Welt hat. Hannas Aufbruch wird von denen getragen und mitvollzogen, die auch mit Hanna Demütigung und Lebenszerstörung erleiden.

So durchzieht die Frage nach dem Leiden auch dieses Stück feministisch-befreiungstheologischer Arbeit an der Bibel. Die hier aufgenommenen Texte verschweigen die Frage nicht, sie lösen sie auch nicht psychologisch auf, sondern versuchen, die realen wirtschaftlichen und sozialen Ursachen zu benennen, die das Kreuz heute aufrichten. Feministische Befreiungstheologie entwickelt sich in Zusammenarbeit mit Frauen der »dritten«

Welt; ihr Leiden, ihre systematische Ausplünderung und Lebenszerstörung sind nicht »weit weg«. Wer so spricht, übernimmt die Perspektive der Mächtigen. Da feministische Theologie etwas mehr bedeutet als Selbstverwirklichung von Mittelklassefrauen innerhalb der reichen Welt, braucht sie ein umfassendes, ganzheitliches Bild der Erfahrung von Frauen und kann sich nicht auf die Ausschnittbildchen, die die Medienkultur uns als Realität anbietet, beschränken. Ganzheitlich, ein großes Stichwort der Frauenbewegung, bedeutet einmal das Zusammenspiel von Körper, Geist und Seele, die Untrennbarkeit unserer leiblichen, psychischen und intellektuellen Erfahrung. Zur Leiblichkeit gehört auch die Fesselung von Frauen durch ökonomische Realitäten, durch die Macht des Geldes. Die Erfahrungen der Unfreiheit wollen wir ganzheitlich sehen lernen und benennen und ebenso die Frauenerfahrungen im Prozeß der Befreiung. Ganzheitlichkeit bedeutet aber auch – zum anderen –, unser Verflochtensein mit der gegenwärtigen Situation, unsere Wurzeln in der Geschichte, unsere Beziehung zu einer möglichen Zukunft einzubeziehen.

Zu unserer Ganzheitlichkeit gehören auch unsere grenzenlosen Träume, die Visionen eines Lebens in Fülle für die ganze Schöpfung.

III

Im Mittelpunkt unserer Texte stehen biblische Traditionen. Der befreiende Umgang mit der Bibel ist für Frauen in unserem westlichen Wohlstandschristentum schwer. Für viele ist er unmöglich geworden. Sie assoziieren mit den biblischen Texten die Ungerechtigkeiten, die mit biblischen Legitimationen versehen wurden. Im Namen der Bibel wurde und wird Frauen gepredigt, Emanzipation sei Sünde (s. Chr. Schaumberger/ L. Schottroff, Schuld und Macht, München 1988). Im Namen der Bibel wurde und wird Frauen gepredigt, sie sollten sich ins geduldige Leiden schicken. Im Namen der Bibel wurde und wird gepredigt, es gäbe nur *eine* Lebensform für Frauen, die der

Mutter und treusorgenden Ehefrau, deren Leben sich um ihren Mann dreht. Das Unrecht Frauen gegenüber, das mit biblischen Legitimationen versehen wurde, ist auch ein Unrecht der Bibel selbst gegenüber, ein Mißbrauch, der benannt und kritisiert werden muß, gerade wenn er in Gestalt von dogmatischen Aussagen, Liturgien, Bibelübersetzungen oder wissenschaftlicher Exegese daherkommt. Doch das notwendige Schuttwegräumen soll uns nicht über Gebühr mit Beschlag belegen, uns daran hindern, die Bibel selbst wahrzunehmen.

In den biblischen Texten hören wir die Stimmen von Menschen, von Männern und Frauen, die von ihren Erfahrungen mit dem Gott Israels berichten. Sie berichten von dem, was sie durch die Kraft Gottes zu tun in der Lage waren, als – etwa zur Zeit Jesu – Hunger und römische Ausbeutung das Land überzogen. Sie berichten von der lebenschaffenden Macht, die aus der Hoffnung auf den neuen Himmel und die neue Erde entsteht.

Wir fragen gegenüber biblischen Texten also sozialgeschichtlich. Was hat z. B. der Glaube an die Auferstehung des gekreuzigten Jesus praktisch bedeutet – in der Realität der Gesellschaft, in der die ersten ChristInnen lebten. Die sozialgeschichtliche Frage nennen wir die nach dem ersten Kontext der biblischen Tradition. Diese sozialgeschichtliche Frage können wir aber nur stellen, wenn wir auch unseren eigenen historischen Ort analysieren und benennen. Diese Frage nennen wir die nach dem zweiten Kontext der biblischen Tradition. Wir betrachten die biblischen Traditionen nicht mit der immer noch verbreiteten Behauptung der Objektivität, die in Wahrheit die Perspektive weißer, machtorientierter Männer der »ersten« Welt ist. Wir betrachten die Bibel von unserem Ort aus – als Frauen im Reichtum des kapitalistischen Wohlstands, denen dauernd die Augen übergehen, wenn sie sie nicht verschließen vor den Opfern dieses Wohlstands. Unsere Perspektive auf die Bibel ist also eine feministische.

Die biblische Tradition ist durchweg an dem Ziel orientiert, das wir heute Gerechtigkeit, Frieden und Bewahrung der

Schöpfung nennen. Zugleich aber ist sie tief verwickelt in die patriarchalen Strukturen der Gesellschaften ihrer Zeit. Auch wir leben heute in patriarchalen Strukturen, die sich seit damals nur in Details, aber nicht in der Hauptsache gewandelt haben. Ohne Patriarchatskritik können wir weder unsere Erfahrungen heute analysieren noch der biblischen Tradition gerecht werden. Dazu gehört auch, daß wir biblische Traditionen dort kritisieren, wo sie nur Werte einer patriarchalen Gesellschaft wiederholen (wie z. B. 1 Kor 11,3 oder 1 Tim 2,11–15). Diese Kritik kann ihre Kriterien aus den biblischen Inhalten selbst gewinnen.

Diese Kritik ist für uns verbunden mit Liebe zur biblischen Tradition, die uns auf dem Weg zur Gerechtigkeit inspiriert und unseren Hoffnungen ein Ziel, aber auch Sprache und Bilder gibt. Auf diesem Weg zur Gerechtigkeit leben wir von der Nähe Christi, der für uns nicht ein männlicher Erlöser ist, sondern ein Bruder, in dem die göttliche Lebenskraft, die Befreiung schafft, leiblich geworden ist.

Eine Sprache, wie sie die Engel hoffentlich sprechen, die Gott nicht zum Mann macht und Christus nicht zum männlichen Erlöser, kennen wir erst in Ansätzen, wir sind auf der Suche nach ihr. Wir haben die Bibeltexte in der Lutherübersetzung zu unseren Auslegungen gestellt, gerade weil wir sie auch in unseren Texten kritisieren. Wir entdecken in ihr aber auch trotz ihrer tiefen Verwurzelung in Ungerechtigkeit gegen Frauen immer wieder sprachliche Edelsteine. Wir unterstützen alle Projekte einer frauengerechten, nichtdiskriminierenden Bibelübersetzung und arbeiten selbst daran.

IV

Wir schreiben dieses Vorwort in einer Zeit, in der große Befreiungshoffnungen wachgeworden sind. Ganze Völker stehen aus Unterdrückung und Fremdbestimmung auf, enttarnen ihre Geheimdienste, entlarven ihre Herren. Ungewöhnlich viele Frauen partizipieren am Aufbruch in der DDR. Auch in

Dresden und Leipzig bricht Hanna heute auf. Mit Begeisterung und Angst nehmen wir an diesem beispiellosen Vorgang einer gewaltfreien revolutionären Umwandlung Anteil. Begeisterung über den Mut und die Kraft des Volkes, die Mauer niederzureißen, Angst vor wirtschaftlichem Ausverkauf und praktischer Machtübernahme durch die westliche Wirtschaft.

Ist es das Ziel, auch in Jena südafrikanische Apfelsinen zu verkaufen? Soll auch im Osten eine Zweidrittelgesellschaft entstehen, die ein Drittel von Arbeitslosen, Arbeitsunfähigen, Behinderten und Alten ausgrenzt? Wir sollten jetzt um so mehr Aufmerksamkeit auf den Armutsbericht des Paritätischen Wohlfahrtsverbandes für die Bundesrepublik Deutschland (in: Blätter der Wohlfahrtspflege, hrsg. vom Wohlfahrtsverband für Baden-Württemberg, Stuttgart November/Dezember 1989) richten. Soll die Freiheit des Unternehmertums der einzige und alles beherrschende Wert sein, oder darf die Gerechtigkeit auch noch ein Wort mitreden? Die Auseinandersetzung über diese Fragen haben wir hier in unserem Kontext Bundesrepublik und gegen deren Machtgelüste zu führen ohne die gönnerhafte Bevormundung der Menschen in der DDR, die auf dem Hintergrund ihrer Erfahrungen diese Auseinandersetzung anders führen werden. Wir verstehen diese neue Lage als Herausforderung an feministische Befreiungstheologie, unsere Sache klarer zu machen. Es ist kein Zufall, daß die evangelische Kirche in der DDR seit vielen Jahren und auch heute klarere Worte zu Frieden und Gerechtigkeit gefunden hat, als die westdeutsche Kirche. In vielen Fragen sind die Menschen in der DDR, auf die wir im Westen gern onkelhaft herunterblicken, geistig weiter, nachdenklicher, weniger verführbar als die Massen bei uns. Wir hoffen auf Zusammenarbeit zwischen Frauen aus Ost und West am Projekt der Befreiung zu Gerechtigkeit, Frieden und Bewahrung der Schöpfung.

Luise Schottroff und *Dorothee Sölle*
Kassel und Hamburg, Weihnachten 1989

MARKUS 1,14–15

14 *Nachdem aber Johannes gefangengesetzt war, kam Jesus nach Galiläa und predigte das Evangelium Gottes*
15 *und sprach: Die Zeit ist erfüllt, und das Reich Gottes ist herbeigekommen. Tut Buße und glaubt an das Evangelium!*

DOROTHEE SÖLLE

Die Hände Gottes
MARKUS 1,14–15

In diesem Bibeltext bei Markus ist das Evangelium zusammengefaltet wie das Kleid einer Prinzessin in einer Nußschale. Ziehen wir es heraus und versuchen wir es anzuprobieren. Die Zeit ist erfüllt, das Reich Gottes ist nah, tut Buße und glaubt – drei kleine Sätze, und ich weiß nicht genau, ob sie uns zu klein oder zu groß sind.

Die Zeit ist erfüllt, manchmal. Oft ist sie leer, grau, langweilig: Schulzeit, Arbeitszeit, Fernsehzeit. Oft sind wir Gefangene der Zeit, haben Angst vor einer Nachricht, einem Arztbefund, einem Zeugnis, einem Bewerbungsschreiben. Wie kommt Jesus dazu, einfach zu sagen: Jetzt! Heute! Ihr Gefangenen der Zeit, ihr seid frei. Johannes sitzt im Gefängnis, und in El Salvador verschwinden die Menschen, die ihre Geschwister lieben, von der Straße weg, aber Jesus sagt: Die Zeit ist erfüllt, auch unsere Zeit ist erfüllt.

Die Losung des Deutschen Evangelischen Kirchentages in Berlin 1989 lautet: »Unsere Zeit in Gottes Händen.« Manche verstehen das als Beruhigungspille, als ob unsere Zeit nicht in den Händen der chemischen und der Atomindustrie stünde. Als läge die Zeit anderer Christen nicht im Würgegriff unserer Banken. Als säße Gott ganz da oben, egal was hier unten passiert. Aber Jesus ist doch wohl gerade gekommen, um damit aufzuräumen. Mir gefällt, daß die Losung von Gottes Händen spricht, nicht etwa von Gottes Augen oder Gottes Meisterplan. Gott hat viele Hände, mindestens so viele wie sich die Buddhisten Arme an Buddha vorstellen. Was sind denn Gottes Hände, was tun sie denn? Nun, das wissen wir doch alle, sie geben den Hungrigen Brot, den Arbeitslosen Arbeit, sie beschützen die Bäume und sehr sehr langsam schmieden sie vor unseren Augen aus Schwertern Pflugscharen. Überall, wo wir das sehen, da erkennen wir: Gottes Hände.

Ich möchte eine winzige Veränderung an der Losung anbringen, ich meine, sie soll nicht so sehr ein Statement sein, sondern ein Gebet. Laßt uns unsere Zeit in Gottes Hände legen! Nicht: Unsere Zeit ist jetzt und war und wird sein in Gottes Händen, sondern wir legen sie heute miteinander aus den Händen der Todesmaschine in die Hände des Lebendigen. Unsere Zeit in Gottes Hände.

Das Reich Gottes ist nah. Das haben Menschen in verschiedenen Zeiten der Geschichte immer wieder erfahren. In der Reformationszeit wußten viele in unserem Land, daß sich der Glaube an den Lebendigen in den alten Formeln der alten Kirche nicht mehr ausdrücken ließ. Sie waren tot. Das Reich Gottes bekam damals einen neuen Namen, der hieß »Rechtfertigung allein aus Glauben ohne des Gesetzes Werke«. Heute stehen wir in der Christenheit vor einem ähnlichen Umbruch. Auch für uns hat das Reich Gottes einen neuen Namen bekommen. Es heißt: Gerechtigkeit, Frieden und Bewahrung der Schöpfung. Christsein entscheidet sich heute an diesen Fragen. »Siehe, ich habe dir heute vorgelegt Leben und Glück, Tod und Unglück ... Ich rufe heute Himmel und Erden wider euch zu Zeugen an: Leben und Tod habe ich euch vorgelegt, Segen und Fluch; so erwähle nun das Leben, auf daß du am Leben bleibest, du und deine Nachkommen, indem du den Herrn deinen Gott liebst, auf sein Wort hörst und dich fest an ihn hältst« (5. Mose 30,19). Immer mehr Christen hören auf ihre Geschwister in der ganzen Welt und beginnen, eine Theologie der Befreiung auch für die Christen innerhalb der reichen Welt zu entwickeln. Wie geschieht das?

Tut Buße und glaubt an das Evangelium, so heißt unser dritter Satz. Ich werde immer nervös, wenn mich Leute fragen: »Aber was sollen wir denn nur tun?« Am liebsten möchte ich dann zufückfragen: Hast du keine Augen? Hat man dir das Nachdenken verboten? Es gibt eine Million Dinge zu tun, die Buße bedeuten. Wir müssen die Kurzstreckenraketen verhindern, weil sie vor allem für die Menschen in der DDR und für die Polen bestimmt sind. Buße bedeutet, die Vergangenheit nicht unter den Teppich zu kehren. Wir sollen sie nicht ewig beklagen, aber konkrete Schritte, die aus der Einsicht in unsere Schuld kommen, gibt es doch genug zu tun. Wir sollten Zeichen der Freundschaft setzen nach so viel Haß!

Die Bundesrepublik ist heute das drittreichste Land der Welt. Als ich diese Nachricht las, gruselte es mir. Je dicker das Kamel, desto schwerer kommt es ins Himmelreich! Wann werden wir aufhören, zu den Plünderern zu gehören, die sich an den Armen bereichern?

Was heißt also Buße tun? Gebt eure Zeit nicht dem Militär, sondern legt sie in Gottes gute Hände, die Kranke pflegen. Beschützt die Bäume, die wir noch haben. Laßt euch nicht von den Schnellfahrern aufheizen. Unsere Kinder und Enkel sind wichtiger als Dein Tempo, junger Mann. Es gibt immer noch zu viele Leute, die ahnungslos Früchte aus Südafrika kaufen oder Bankkonten bei den Banken halten, die die weißen Rassisten unterstützen. Habt doch keine Angst, laut und deutlich die Gerechtigkeit einzuklagen, zwischen Schwarz und Weiß, zwischen Frau und Mann, zwischen Alten und Jungen und zwischen denen, die jetzt die Schöpfung kaputtmachen, und unseren Enkeln.

Buße tun und an das Evangelium glauben nennt Jesus in einem Satz. Es ist tatsächlich *ein* existentieller Schritt. Ohne Glauben wird unsere Buße griesgrämig, schuldgefühlbeladen, hektisch, manchmal depressiv. Mit Glauben hat sie an Gottes Freude teil. Sie läßt sich nicht vom Teufel lähmen, der heutzutage im eleganten Zweireiher herumläuft und mir mit liebenswürdiger Stimme sagt: »Aber liebe Frau Sölle, glauben Sie denn wirklich, daß das, was Sie da versuchen, irgend etwas ändert?!« Manchmal frage ich dann den schicken Teufel, woran er denn glaubt, und ob er außer Geld, Spaß und notfalls Gewalt noch etwas im Kopf hat. Manchmal bin ich nur traurig und denke, wir müssen als Christen lernen, daß wir eine Minderheit sind. Mir kommt es oft so vor, als näherten wir uns den Zeiten des

Urchristentums wieder an. Einige junge Freunde von mir sitzen heute im Gefängnis, weil sie für den Frieden arbeiten. Ihre Zeit ist nicht leer, Gott ist ihnen nicht fern.

Wir dürfen uns nicht von der Ohnmacht überwältigen lassen. »Da kann man nichts machen« ist ein gottloser Satz. So ist es eben, Hunger hat es immer gegeben, heißt sagen, Gott hat keine Hände. Zu denken, ich als einzelne kann sowieso nichts ändern, heißt, sich selber abschneiden von der Liebe Gottes. Es ist ja nicht wahr, daß du allein bist. Wir haben alle und an jedem Ort viel mehr Schwestern und Brüder, als wir glauben. Der Glaube an das Evangelium beginnt mit ihrer Entdeckung: Geschwister zu entdecken, die neuen Namen des Reiches Gottes durchzubuchstabieren und frei zu werden vom Zwang einer brutalen, Mensch und Tier vernichtenden Zeit. Wir legen diese Zeit aus Eisen und Blut, aus Kälte und Gleichgültigkeit in Gottes gute Hände, Hände, die arbeiten an der Befreiung, Hände, die heilen, Hände, die teilen.

Die Zeit ist von Gott gefüllt,
und die Welt, in der niemand hungern muß,
liegt vor unseren Augen.
Kehrt um und vertraut der Botschaft,
die die Verlorenen rettet.

LUISE SCHOTTROFF
Jesu Vision
MARKUS 1,14–15

Jesu Vision wird in den Evangelien in einem Satz zusammengefaßt: »Die Königsherrschaft Gottes ist nahe herbeigekommen.« Seit der Vollversammlung des World Council of Churches 1983 in Vancouver hat die Königsherrschaft Gottes, das Reich Gottes, einen neuen Namen, der doch ein ganz alter ist. Er heißt: Gerechtigkeit, Frieden und Bewahrung der Schöpfung. Es sind die zentralen Inhalte, die die biblische Tradition mit dem Gottesreich verknüpft: Gottes Lebensmacht wird auf dieser Erde alle Ungerechtigkeit beenden. Nur noch Gottes Macht wird den Umgang der Menschen miteinander bestimmen – und ihren Umgang mit ihrer vergewaltigten Schwester: der Schöpfung. Christenmenschen haben eine Vision. In der Einladung in das thematische Zentrum des Deutschen Evangelischen Kirchentages 1989 in Berlin »Neues Bündnis für soziale Gerechtigkeit« wird gesagt, wie wichtig diese Vision ist: »Die Qualität unserer Botschaft zeigt sich daran, ob und wie wir fähig sind, die Vision einer besseren Gesellschaft zu entwickeln, die auf soziale Gerechtigkeit, auf Frieden und auf Schöpfungsverantwortung basiert – die Vision von einer solidarischen Gesellschaft.« Wir ChristInnen haben eine Vision, wir erwarten Gottes Reich, wir sehen vor uns eine Erde in Gerechtigkeit, in Frieden und im geschwisterlichen Umgang mit der Schöpfung.

Diese Vision macht mich oft verzweifelt. Ich habe diese Vision und sehe, wie weit sie von unserer Realität entfernt ist. Wir haben eine Vision und sehen, wie sie uns dauernd zerschlagen wird. Was nützt es der leidenden Schöpfung, wenn in Wackersdorf keine Wiederaufarbeitungsanlage für atomaren Müll in Betrieb genommen wird? In Frankreich wird – vermutlich mit geringeren Sicherheitsauflagen – unser atomarer Abfall auf Kosten der Menschen und der Schöpfung bearbeitet. Wir haben eine Vision. Wir leiden an der Gewalt, mit der unsere Vision zerschlagen wird.

Der Text über das Reich Gottes steht am Anfang des Markus-Evangeliums. Er versucht, das ganze Leben und Arbeiten Jesu in zwei Sätzen zusammenzufassen:

»*Nachdem Johannes der Täufer gefangengesetzt worden war, kam Jesus nach Galiläa und verkündigte das Evangelium Gottes und sagte: die Zeit ist erfüllt und die Königsherrschaft Gottes ist nahe herbeigekommen. Kehrt um und glaubt dem Evangelium*« (Mk 1,14f.).

Das sind Sätze der Begeisterung und des Glücks: Gott ist nahe, er wird dem Elend und der Ungerechtigkeit der Menschen ein Ende machen. Gerechtigkeit, Frieden und eine Schöpfung, wie Gott sie will, sind uns nahe. In meiner Verzweiflung über die Zerstörung von Menschen und Schöpfung höre ich diese Stimme mit traurigem Protest: Nein, Gott ist uns nicht nahe.

Heute ist nicht die Stunde des Glücks über Gottes Nähe, heute ist die Stunde der Verzweiflung über die Wirklichkeit. Wir leben in tiefster Ungerechtigkeit. Das Instrument der Ungerechtigkeit ist die Abspaltung. Auf der ökumenischen Versammlung in Basel im Mai 1989 haben sich die ChristInnen aus Osteuropa beklagt, daß wir Westeuropäer nur aus unserer Sicht über Gerechtigkeit, Frieden und Schöpfung reden, als seien wir die Herren Europas. Sie erwarten von uns ein Schuldbekenntnis wegen des Bündnisses der westlichen Kirchen mit den Mächtigen in den Staaten und mit dem Kapitalismus. Sie erwarten von uns das Nachdenken, wie in Europa ein demokratischer und umweltgerechter Sozialismus entstehen kann. Wir behandeln Osteuropa als dritte Welt, gönnerhaft bevormundend. Wir schicken einen Teil unseres Mülls über die Grenze. Das Instrument der Ungerechtigkeit ist die Abspaltung; im hellen Licht sind wir Westeuropäer, in Osteuropa leben die armen Verwandten, die schnell vergessen und übersehen werden. Der Prozeß in den Kirchen auf dem Wege zur Weltvollversammlung in Südkorea ist nicht begeisternd. Jedenfalls erhoffe ich von ihm nicht mehr viel für die Verwirklichung der Vision Jesu. Jesus hat gesagt: die Königsherrschaft Gottes ist nahe herbeigekommen. Die Zeit ist erfüllt. Er hat gesagt: Selig sind die Augen, die sehen, was ihr seht (Lk 10,23). Selig sind die Armen, denn ihnen gehört die Königherrschaft Gottes. Selig sind die Weinenden. Jesus hat gesagt: Jetzt ist die Stunde des Gotteslobes. In meiner Verzweiflung höre ich diese Stimme mit Zweifel und Trauer.

Damals waren die Menschen um Jesus herum in einer anderen Elendssituation als wir Westeuropäer. Wir leiden an der Zerstörung der Schöpfung, an der Rüstungsindustrie und am ungerechten Wohlstand. Jesu Zeit war die Zeit des Hungers. Das jüdische Volk wurde durch Rom und Großgrundbesitzer ökonomisch ausgebeutet. Die Kranken auf den Straßen waren die Elendsgestalten, die wir heute aus Fernsehbildern von Bangladesh und anderen Ländern kennen. Jesu Zeit war die Zeit politischer Unterdrückung des jüdischen Volkes durch die Herren in Rom. Wieso sagt Jesus eigentlich: Selig sind die Augen, die sehen, was ihr seht? Sie sahen einen jungen Mann aus Nazareth, einen arbeitslosen Tagelöhner, der als Prophet in Galiläa aufstand und Jünger und Jüngerinnen um sich versammelte, die von Haus zu Haus liefen: Selig sind die Augen, die sehen, was ihr seht. Die Zeit ist erfüllt. Die Königsherrschaft Gottes ist nahe herbeigekommen. Es ist die Zeit des Gotteslobes. Was war denn zu sehen? Der Bibeltext sagt, Jesus sei als Prophet aufgetreten in der Stunde, als Johannes der Täufer ins Gefängnis gebracht wurde. Johannes der Täufer hatte dieselbe Vision wie Jesus. Auch er war als Prophet für die Gottesgerechtigkeit durch das Land gelaufen. Der König Herodes Antipas fühlte seine Macht bedroht durch diesen Wüstenpropheten und brachte ihn ins Gefängnis. Als sein Mund mit Gewalt verschlossen wurde, hat Jesus seinen Mund aufgetan. Die Botschaft von Gottes Nähe war nicht kaputtzukriegen. Jesu Auftreten ist ein Akt der Solidarität und ein Handeln aus der Nähe Gottes. Selig sind die Augen, die sehen, was ihr seht: Sie sahen einen Gottesboten, der mutig und klar die Nähe Gottes verkündigte und lebte. Die Ungerechtigkeit herrscht mit der Technik der Abspaltungen, des Übersehens, des Unsichtbarmachens. Jesus ließ nicht zu, daß der Täufer unsichtbar gemacht wurde. Er setzte die Arbeit des Täufers fort.

Ich begreife aus dem Bericht des Neuen Testaments, daß die Nähe Gottes, die Nähe seiner Königsherrschaft etwas ist, das zu sehen sein muß. Ich muß mit meinen Augen die Nähe Gottes sehen können – nicht nur in irgendeinem symbolischen Sinne. Wenn ich einen Menschen sehe, der die Arbeit des Täufers und Jesu fortsetzt, dann kann ich verstehen, warum die Menschen sagen konnten: Selig sind unsere Augen, weil sie die Nähe Gottes sehen. Ich sehe die Nähe Gottes, wenn ich mich erinnere an die Solidarität Jesu, der nicht zuließ, daß der Täufer und seine Arbeit unsichtbar gemacht wurden.

Wir haben eine Vision, die Vision Jesu. Sie wird für uns sichtbar und greifbar, wo sie gelebt wird. Die Gerechtigkeit wird sichtbar, wo die Instrumente der Ungerechtigkeit wirkungslos gemacht werden, wo wir sie unwirksam machen. Das Instrument der Ungerechtigkeit ist die Abspaltung, das Unsichtbarmachen, das Müllprinzip. Wir wollen nicht sehen, welchen Müll wir produzieren. Wir schicken ihn in die dritte Welt, in die DDR, in die Nordsee. Oben hui, unten pfui – sagten wir als Kinder für dieses Prinzip. Die Gerechtigkeit Gottes wird vor unseren Augen sichtbar, wo wir die Instrumente der Ungerechtigkeit unwirksam machen. Gerade wir ChristInnen können da viel bewirken, denn wir transportieren eine der schärfsten Waffen der Ungerechtigkeit: das Ideal der heilen patriarchalen Familie. Mit dieser Waffe der Ungerechtigkeit sind über Jahrhunderte Menschen unsichtbar gemacht worden: unsichtbar war die Arbeit der Frauen. Im Ideal der patriarchalen Familie kommt sie als Ehefrau und Mutter vor, aber nicht als Arbeiterin, als doppeltbelastete Frau, die auch noch den Haushalt versorgt. Mit dem Ideal der patriarchalen Familie, das unsere christlichen Traditionen prägt, wird heute wieder massiv Arbeitspolitik von oben, von Arbeitgeberseite, gemacht und legitimiert. In der Diskussion über geringfügige Beschäftigungsverhältnisse spielt dieses patriarchale Familienbild eine zentrale Rolle. Es gibt vermutlich zwei Millionen geringfügige Beschäftigungsverhältnisse, bei denen die Arbeitenden nur 450 DM verdienen. Die Arbeitgeber haben gesagt: das seien Zeitungsboten, Brötchenausträger und Reinigungskräfte, die als Schüler, Studenten oder Hausfrauen auf anderem Wege sozial abgesichert seien. Das heißt: vorausgesetzt wird die heile patriarchale Familie, bei der der Vater gut verdient und die Hausfrau und die Kinder als Schüler oder Studenten gut abgesichert sind. Mit dieser Vorstellung wird die Wirklichkeit unsichtbar gemacht. Es wird unsichtbar, daß die Mehrheit der Menschen gerade nicht in einer angeblich so heilen patriarchalen Familie lebt. Alleinstehende Frauen arbeiten in solchen Arbeitsverhältnissen oder Frauen, deren Männer arbeitslos sind. Manche stoppeln sich den Lebensunterhalt mit zwei solchen 450-DM-Beschäftigungen zusammen. Kranken-, Renten- und Arbeitslosenversicherung haben sie nicht. Irgendwann kommt die Sozialhilfe, wenn sie nicht mehr jung und gesund sind. Das Ideal der angeblich so heilen patriarchalen Familie ist bei uns ChristInnen tief verankert. Es ist ein Unterdrückungsinstrument, ein Instrument der Unsichtbarmachung. Es macht die Realität der Mehrheit der Menschen unsichtbar, die eben gerade nicht in solchen Verhältnissen leben. Es macht den endlosen Arbeitstag der Frauen unsichtbar, die Hausarbeit und meist geringfügige Erwerbsarbeit verbinden müssen. Es macht den Druck unsichtbar, der auf den Jugendlichen in unserer Gesellschaft lastet. Die von der Industrie gewünschten Nachwuchskräfte – zukünftige Ingenieure – müssen auf eine makellose Biographie achten. Möglichst keine Verzögerung oder Unterbrechung oder gar schlechte Zensuren. Glattes Abitur, erfolgreiches Studium in der knappsten Studienzeit. Kein verschlafenes Semester, keine politische Aktivität, die nach Radikalem riecht, keine Trampreise, keine Aussteigerversuche. Eine makellose Biographie braucht der Ingenieur. Alle, die diese makellose Biographie nicht zuwegebringen, werden abgedrängt, finden keinen Arbeitsplatz, der ihren Vorstellungen entspricht und genügend Geld bringt, um sich und u. U. auch eine Familie ernähren zu können. Die nicht so clever sind, die Behinderten, die Frauen, die mit den Brüchen in der Biographie sind nicht sichtbar, wenn es um die guten Jobs geht. Das Ideal der heilen patriarchalen Familie ist unter ChristInnen fest verankert, und es dient als Instrument der Unsichtbarmachung der Realität. Wir ChristInnen haben große Möglichkeiten, die Waffen der Ungerechtigkeit wirkungslos zu machen. Wenn wir anfangen, das Unsichtbare ans Licht zu holen. Im Mittelpunkt stehen bei uns die warenstrotzenden Fußgängerzonen. Im Dunkel sind die Betonhochhäuser an den Autobahnen, in denen kinderreiche Familien wohnen. Wir haben die Möglichkeit, die Unsichtbaren in den Mittelpunkt zu stellen. Jesus nahm ein Kind und stellte es in die Mitte. Jesus stellte einen Kranken mit einer verdorrten Hand in die Mitte und sagte: auf diesen Kranken kommt es an und nicht auf den König Herodes. Wir können die arbeitenden Frauen mit ihrem endlosen Arbeitstag in die Mitte stellen, und wir können die heile patriarchale Kleinfamilie als Täuschung unserer Wahrnehmung erkennen.

Jesus hat gesagt: die Königsherrschaft Gottes ist nahe herbeigekommen. Die Zeit ist erfüllt. Jetzt ist die Stunde des Glückes in der Nähe Gottes.

Jesus hat Gott auf die Erde geholt. Er hat sich mit anderen Männern und Frauen aus Galiläa zusammengetan und die Menschen in seine Arme genommen, die in seiner Zeit in tiefstem Elend waren. Er hat die Kranken berührt. Er hat sie gestreichelt und ihre Seele gewärmt. Er hat die Hungernden in seinem Volk versammelt und ihnen gezeigt, wie geteiltes Brot Wunder wirkt. Menschen gewinnen Hoffnung und Kraft aus der Solidarität.

Unsere Vision der Gerechtigkeit, des Friedens und des Lebens der Schöpfung ist bedroht und wird uns oft zerschlagen, aber sie ist unzerstörbar, weil sie Gottes Zukunft ist, an die wir glauben, wie Jesus es uns gelehrt hat. Er hat uns gelehrt, von der Nähe Gottes zu leben. Es ist möglich, Solidarität zu leben, es ist möglich umzukehren. Es ist möglich, die Nähe Gottes zu spüren. Der elementarste Ausdruck der Nähe Gottes ist das Gotteslob. Die Kranken, die Jesus ins helle Licht gestellt hat, haben begonnen zu singen: die Königsherrschaft Gottes ist nahe herbeigekommen. Dieser Satz Jesu ist für uns wiederholbar, wenn wir ihn als Lob Gottes in unser Leben holen. Gott, du bist nahe. Du bestimmst die Zukunft und nicht die Industrie.

Ich habe die Nähe Gottes auch schon gespürt. Es gibt Menschen in meiner Nähe, die passen auf mich auf, so wie Jesus auf die Kranken aufgepaßt hat. Und ich passe auch auf sie auf. Es ist so köstlich, daß wir Menschen uns umarmen können, daß wir uns berühren können und wissen, wir sind nicht allein, nicht verlassen und allein in der todessüchtigen Welt. Wir können uns stärken und trösten, daß wir die Kraft haben, umzukehren, Schuld beim Namen zu nennen und zu arbeiten für die Gerechtigkeit unter Menschen und das Überleben der Schöpfung. Wenn ich die Nähe Gottes spüre, dann begreife ich mit meinem Herzen, was es heißt, Gott zu loben. Im Gotteslob holen wir Gottes Zukunft auf die Erde, wir holen sein Friedensreich, seine Königsherrschaft in diese Welt der Mörder und des Leidens. Ich lobe Gott und begreife, daß ich mich meines Lebens freuen kann. Wir alle können uns unseres Lebens freuen. Unser Leben ist einmalig, und es ist kurz. Jedenfall ist es kurz, wenn man so alt ist wie ich und die Einmaligkeit und Kürze unserer Lebenszeit deutlicher vor Augen hat als die Kinder. Wenn wir Gott loben, können wir uns über jeden Tag freuen, der neu beginnt. Er ist ein langer Gang durch Gottes Schöpfung. Wir verdrängen im Lobe Gottes das Elend nicht, aber wir lassen uns vom Elend nicht überwältigen. Ich lobe Gott, daß er uns diesen Tag leben läßt und wohl auch morgen leben läßt. Ich lobe ihn, daß er uns eine Zukunft gibt, die nur noch Gottes Zukunft ist. Er wird abwischen alle Tränen – das ist einer dieser wunderbaren Sätze über die Königsherrschaft Gottes, die wir verstehen, die uns glücklich machen können. Es geschieht unter uns, daß wir uns gegenseitig die Tränen abwischen und merken, daß Gott nahe ist.

Die Bäume blühen so vollkommen, als gäbe es keine Zerstörung. Wir können Gott loben und uns anlächeln in der Freude über seine Nähe, die wir spüren, wenn wir die lebendige Schönheit um uns herum sehen. Die Königsherrschaft Gottes, hat Jesus gesagt, ist wie ein großer Baum, unter dessen Zweigen die Vögel des Himmels sitzen. Er wächst aus einem winzigen Senfkorn. Die Königsherrschaft Gottes, können wir sagen, ist auch wie ein Kirschbaum, unter dem wir sitzen können, und seine Blütenpracht sagt uns, wie es sein wird, wenn Gott alle Tränen abwischen wird.

PSALM 90

1 *Herr, du bist unsere Zuflucht für und für.*
2 *Ehe denn die Berge wurden und die Erde und die Welt geschaffen wurden, bist du, Gott, von Ewigkeit zu Ewigkeit.*
3 *Der du die Menschen lässest sterben und sprichst: Kommt wieder, Menschenkinder!*
4 *Denn tausend Jahre sind vor dir wie der Tag, der gestern vergangen ist, und wie eine Nachtwache.*
5 *Du lässest sie dahinfahren wie einen Strom, sie sind wie ein Schlaf, wie ein Gras, das am Morgen noch sproßt,*
6 *das am Morgen blüht und sproßt und des Abends welkt und verdorrt.*
7 *Das macht dein Zorn, daß wir so vergehen, und dein Grimm, daß wir so plötzlich dahin müssen.*
8 *Denn unsre Missetaten stellst du vor dich, unsre unerkannte Sünde ins Licht vor deinem Angesicht.*
9 *Darum fahren alle unsre Tage dahin durch deinen Zorn, wir bringen unsre Jahre zu wie ein Geschwätz.*

10 *Unser Leben währet siebzig Jahre, und wenn's hoch kommt, so sind's achtzig Jahre, und was daran köstlich scheint, ist doch nur vergebliche Mühe; denn es fähret schnell dahin, als flögen wir davon.*
11 *Wer glaubt's aber, daß du so sehr zürnest, und wer flüchtet sich vor dir in deinem Grimm?*
12 *Lehre uns bedenken, daß wir sterben müssen, auf daß wir klug werden.*
13 *Herr, kehre dich doch endlich wieder zu uns und sei deinen Knechten gnädig!*
14 *Fülle uns frühe mit deiner Gnade, so wollen wir rühmen und fröhlich sein unser Leben lang.*
15 *Erfreue uns wieder, nachdem du uns so lange plagest, nachdem wir so lange Unglück leiden.*
16 *Zeige deinen Knechten deine Werke und deine Herrlichkeit ihren Kindern.*
17 *Und der Herr, unser Gott, sei uns freundlich und fördere das Werk unsrer Hände bei uns. Ja, das Werk unsrer Hände wollest du fördern!*

DOROTHEE SÖLLE
Zählt nicht uns, sondern eure Tage
PSALM 90

Erfahrungen mit einem Psalm

Mit dem 90. Psalm verbinde ich einige lebensgeschichtliche Erfahrungen, die ich mitteilen möchte, weil andere vielleicht auch mit dem einen oder anderen Vers dieses Psalms vertraut sind, so wie man mit einem Möbelstück der Großeltern zu Hause ist. »Wir bringen unsere Jahre zu wie ein Geschwätz«, heißt es in der Lutherübersetzung, und dieser Vers hat mich als junges Mädchen getroffen. Ich erschrak vor mir selber, ich sah meine 15 Jahre wie ein Geschwätz in Nebensächlichkeiten versickern, ich hörte um mich herum viel Geschwätz, Lehrergeschwätz, Nazigeschwätz, Elterngeschwätz, und ich empfand zum erstenmal Angst vor diesem Verrinnen des Lebens, der Nichtigkeit einer leeren Zeit, von der nichts bleibt, an die sich niemand erinnert, die »dahinfährt«.
»Darum fahren alle unsere Tage dahin durch deinen Zorn, wir bringen unsere Jahre zu wie ein Geschwätz.« (9)

Den Zorn Gottes verstand ich nicht, aber die Früchte des Zorns schmeckte ich schon. Ein wichtiges Thema des Psalms, die flüchtige bodenlose Zeit, die wir zu besitzen meinen, während sie doch uns begrenzt und beherrscht, war angeklungen.

Ich erinnere mich an eine andere Begegnung mit dem 90. Psalm, vor 20 Jahren, als mein Vater im Sterben lag. Ich kam ins Krankenhaus und brachte die Bibel und eine Gedichtsammlung mit. Ich fragte ihn, ob ich etwas vorlesen sollte; das war in unserer Familie keineswegs üblich, obwohl mein Vater Gedichte sehr liebte. Mit der Frage teilte ich ihm mit, daß ich wußte, wie es um ihn stand, mit seinem Kopfnicken bestätigte er dieses Wissen. Ich las den 90. Psalm, und an der Stelle
»Unser Leben währet siebzig Jahre,

und wenn's hochkommt, so sind's achtzig Jahre,
und wenn's köstlich gewesen ist,
so ist's Mühe und Arbeit gewesen«, (10)

seufzte er, zustimmend und nicht ohne Stolz: »Ja gearbeitet, das hab ich viel in meinem Leben.« Den Psalm hörte er als ein Lied der Vergänglichkeit und ich glaube, daß ihn danach Goethes »Gesang der Geister über den Wassern« mehr getröstet hat.

> Des Menschen Seele
> Gleicht dem Wasser
> Vom Himmel kommt es,
> Zum Himmel steigt es,
> Und wieder nieder
> zur Erde muß es,
> Ewig wechselnd.

Auch dieses Gedicht drückt die Vergänglichkeit des Lebens aus, aber es fehlen hier die bitteren Töne des Psalms, die von Mühsal und Beschwerde, Plackerei und Fruchtlosigkeit sprechen. Goethe versöhnt uns in den ewigen Kreislauf der Natur hinein, in ihrem Werden und Vergehen kommt alles Einzelne zur Ruhe. Das Gedicht schließt im Ausdruck einer pantheistischen Frömmigkeit, die auch die meines Vaters war.

> Seele des Menschen
> wie gleichst du dem Wasser!
> Schicksal des Menschen
> wie gleichst du dem Wind!

Mir war beim Lesen aufgegangen, daß Psalm 90 vielleicht nicht so sehr für die Sterbenden als für die Lebenden gedacht ist. Handelt er nicht auch von der Arbeit und nicht nur vom Tod? Ich hatte meinem Vater Texte vorgelesen, die ich liebte, aber in gewissem Sinn hatte ich im Bannkreis der Kultur, in die ich hineingeboren bin, den 90. Psalm mit den Augen Goethes gelesen. Die Bilder aus der Natur vom Strom, vom Schlaf, vom blühenden und schnell welkenden Gras, von der kurzen Nacht wache sprechen von der Vergeblichkeit und der Vergänglichkeit unserer Lebenszeit.

Du führst die Menschen zum Staub zurück
und sprichst: Kommt wieder, Adamskinder.
Denn tausend Jahre sind in deinen Augen
wie der Tag, der gestern vergangen ist
und wie eine Nachtwache.
Du läßt sie dahinfahren wie ein Strom,
Sie sind wie ein Schlaf,
wie das sprossende Gras:
Am Morgen ist es frisch und blühet,
am Abend welkt es und verdorrt. (2–6)

Gott ist groß, unendlich anders, nicht an unsere Zeitmaße gebunden, fern von uns, wir sind anonyme, vergängliche Lebewesen, die in Vergeblichkeit leben. Was wir erschuftet haben, verschwindet wieder. Unsere Zeit, so könnte es klingen, ist immer schon verlorene, gleichgültige Zeit, und Gottes Zeit hat mit der unseren nichts zu tun, sie heißt Ewigkeit.

Die konservative Deutung

Es gibt eine in der kirchlichen Frömmigkeit gewachsene konservative Auslegung dieses Psalms, die sich an den pessimistischen Zügen der biblischen Auffassung vom Menschen festmacht und sagt: Gott ist im Himmel, und wir sind auf Erden. Gott ist ewig und wir zeitliche, abhängige Winzlinge. Was wollen wir denn schon? Der Psalm wird dann zur ergebenen Feststellung der bitteren Realität. Gott erscheint, wenn überhaupt, ganz oben und unantastbar, wir sind unten in der Vergeblichkeit der Zeit. Damit müssen wir uns abfinden, und diese Abfindung in die Ewigkeit Gottes hinein macht uns weise. Wir werden stille vor Gottes Ewigkeit. Zwischen Auflehnung und Resignation wählt der christliche Glaube die letztere. »Gib dich zufrieden und sei stille«, heißt ein von Bach komponiertes Lied, das diese Haltung ausdrückt. Gottes Heil ist zeitlos und ewig, und unsere Geborgenheit liegt gerade in der unantastbaren Ewigkeit Gottes. »Gott, du bist unsere Zuflucht für und für«, so beginnt der Psalm; er setzt die Gewißheit vor alle Zeit, ja vor die Schöpfung selber. »Ehe denn die Berge wurden und die Erde und die Welt geschaffen wurden, bist Du Gott, von Ewigkeit zu Ewigkeit.« (2)

Aber diese Auslegung der demütigen Schickung ins Unabänderliche wird der hebräischen Bibel nicht gerecht. Sie läßt entscheidende Elemente aus dem Psalm fort. Das eine ist der Zorn Gottes, der dann als eine bloß »alttestamentarische«, in Christus überwundene theologische Vorstellung gilt. Das andere ist der ganze dritte Teil des Psalms, die Verse 13–17, die von manchen Bibelwissenschaftlern als Anhängsel angesehen wurden, weil sie in der Tat das religiöse Schema: Zeit–Vergänglichkeit–Vergeblichkeit gegen Ewigkeit–Heil–Erfüllung stören. Die Bibel bringt diese beiden Stockwerke in eine ganz andere Beziehung zueinander, als die konservative Auslegung es versucht. Sie kennt eine Zeit des Heils, so wie sie eine Zeit der Tränen kennt, sie traut Gott die Nähe zu uns zu, auch wenn die Beter des Psalms jetzt über Gottes Ferne klagen. Wenn wir das Heil als zeitlos denken, sei es später, sei es drüben, jedenfalls aber unerreichbar, dann können wir nicht beten wie die, die diesen Psalm gebetet haben: »Herr, kehre dich doch wieder zu uns und laß dich gereuen um deiner Knechte willen!« (13) Dann müsen wir vor der gefrorenen Ewigkeit erstarren, dann zieht die Zeitlosigkeit des Heils gerade die Heillosigkeit der Zeit nach, und die fromme Versenkung ins Ewige entfremdet uns der Realität, vor allem den realen Erfahrungen von Leid und Elend. Der Psalm wird dann zu einer situationslosen, immer gleichbleibenden Klage, ja noch nicht einmal einer wirklichen Klage, eher zu einer müden Feststellung. Es gibt, wie Jürgen Ebach gesagt hat, »nahezu bei jedem der Sätze in Psalm 90 ... die Verführung, mit einem ›so ist es‹ zuzustimmen und den Weg des Gebets abzukürzen«. Der unabkürzbare Weg, auf den dieser Psalm uns lockt, geht von der Feststellung fort zur Klage und von der Klage weiter zur Bitte. Gott läßt sich nicht feststellen. Gott ist nicht das unverständlich-erhabene Fatum, der unbeeinflußbare Souverän, der tut was er will. Wir verstehen den Psalm nur richtig – und das heißt ja nichts anderes als: wir lernen ihn nur beten – wenn wir den Gegensatz von »ewig« und »zeitlich«, von allmächtig und machtlos schmelzen. Beten bedeutet ja Gott herbeizubeten und die versteinerten Verhältnisse zum Tanzen zu bringen.

Feststellen–Klagen–Beten

Der erste Schritt geht von der Feststellung zur Klage. Das ist schwer für uns, weil wir in einer Feststellungskultur, einer Feststellungssprache zu Hause sind. Da gerinnt uns selbst die Metaphysik zum Positivismus. Der Psalmist ist uns hierin einen Schritt voraus. Seine Tradition hat den Psalm mit den Worten »ein Klagegebet des Mose, des Gottesmannes« überschrieben. Damit wird eine der ergreifendsten Dichtungen der hebräischen Bibel hervorgehoben und, übrigens als einzige, dem leidenschaftlichen und tatkräftigen Mann des Auszugs aus der ägyptischen Sklaverei zugeschrieben. So steckt schon hier in der später hinzugefügten Überschrift eine zerreißende Spannung von Schwermut und Trauer auf der einen, Gebet und Hoffnung auf der anderen Seite. Vielleicht muß man ein Mann oder eine Frau Gottes sein, um beides zu können: die Vergänglichkeit und Vergeblichkeit ohne Verdrängung oder Selbstbehauptung zu durchleben und sie in Gebet zu verwandeln. Der Mut zur illusionslosen Trauer und das Gebet, das in einer anderen biblischen Geschichte als ein Ringkampf beschrieben wird, gehören zusammen. Schmelzen, Herbeibeten, Verwandeln – das geschieht auch hier in Psalm 90. Die Todes- und Vergänglichkeitsaussagen (3–12) werden umklammert von einem Gott beschwörenden Anfang des Vertrauens (1–2) und einer leidenschaftlichen Bitte an Gott, doch umzukehren, uns zu sättigen und zu segnen (13–17). Der Beter erinnert Gott an den, der er war, jetzt nicht ist und wieder sein soll: die Zuflucht, die Burg, die Heimat der Menschen. Die Eingangsverse lassen sich am besten so übersetzen, daß Gottes weibliches Wesen deutlicher hörbar wird.

Zuflucht warst du und bist du uns
von Generation zu Generation.
Noch bevor die Berge geboren waren
und du mit Erde und Schöpfung in Wehen lagest,
von der ersten bis zur letzten Welt, bist du, Gott.

Aber diese Beschwörung Gottes entsteht nicht aus einer zeitlosen Kontemplation. Wir können die Zeit, in der dieser Psalm entstanden sein muß, einigermaßen genau bestimmen als die Zeit nach der Rückkehr aus dem babylonischen Exil. Die Menschen, unter denen dieser Psalm entstanden ist, waren kleine Leute mit all ihren Alltagssorgen. Sie hatten Hunger und warteten auf Sättigung. Sie hatten Angst vor den sie beherrschenden Herren und warteten auf eine andere Zeit, in der sie nicht leiden müßten. Sie waren von der Armut niedergedrückt; wir kennen die Elendssituation, in der sie lebten, auch aus anderen biblischen Texten. Beim Propheten Haggai heißt es: »Ihr sät, aber bringt wenig ein; ihr eßt, aber werdet nicht satt; ihr trinkt, aber bekommt nicht genug; ihr kleidet euch, aber werdet nicht warm, und wer sich um Lohn verdingt, arbeitet in einen löcherigen Beutel« (Haggai 1,6). Das klingt sehr entfernt für unsere Ohren, aber ich denke, wir müssen uns auf den Kontext zu unserem Text einlassen; das reale Elend hungriger Menschen ist der Hintergrund für die Verzweiflung über das kurze, von Plackerei erfüllte, fruchtlose Leben. Wenn wir die Bibel ernstnehmen, dann müssen wir auch die, für die sie geschrieben ist, eben die Elenden, in unser Herz lassen, oder wir bleiben in der spirituellen Apartheid unserer Technokultur, die vielleicht am meisten dadurch charakterisierbar ist, daß sie ohne Mitleid funktioniert und das Mitleiden aus sich ausschließt. Uns geht es ja gut...

Der 90. Psalm reklamiert Gott als die Heimat aller Menschen – und zwar trotz Endlichkeit, Vergeblichkeit und Tod.

Vielleicht sollte ich sagen: Gott wird hier angerufen als die Heimat und als die Zukunft aller Menschen. Aus der Klage wird die Bitte. »Kehr um, Gott, wie lange noch?« und »Laß dich gereuen um deiner Knechte willen«. (13) Dieser Vers 13 ist der Wendepunkt, und ich glaube, daß er eine Erfahrung des Betens darstellt, von der ich wünsche, daß alle sie kennen. Diese Grunderfahrung ist der Übergang vom Klagen, Seufzen, Stöhnen, warum nicht auch Jammern, zum Schrei. Kehr um, Gott! Laß ab von der Quälerei! Halt dich an deine Versprechen! Wie lange soll das noch gehen! Hast du keine Ohren, Gott? Bist du nur ein Computer? Wie lange willst du dir das noch ansehen, was mit deinen schwarzen Kindern in südafrikanischen Gefängnissen geschieht?

Kehr um, Gott, wie lange noch?
Und erbarme dich über die, die dir dienen,
Sättige uns am Morgen mit deiner Solidarität,
daß wir jubeln und uns freuen all unsere Tage.
Erfreue uns nach dem Maß der Tage, da du uns bedrückt hast,
und der Jahre, da wir bitteres Elend sahen.
Laß sichtbar werden dein Handeln an denen, die dir dienen,
und laß deinen Glanz über ihren Kindern leuchten.
Die Freundlichkeit Gottes sei über uns,
gib dem Werk unserer Hände Bestand,
dem Werk unserer Hände, gib ihm Bestand. (13–17)

»Wir vermögen technisch alles«

Jeder produktive Umgang mit der Bibel setzt vier verschiedene Ebenen zueinander in Beziehung, wie wir von vielen Christen in der Ökumene schon lange lernen konnten. Die erste Ebene ist der *Text*, der uns überliefert ist und den wir hören sollen. Um ihn zu verstehen, brauchen wir zweitens den *Kontext*, aus dem er historisch entstanden ist, wir müssen die Menschen, die diesen Text geschrieben, überliefert, gebetet haben, ernst nehmen. Dieses Unternehmen hat aber nur Sinn, wenn wir auch drittens *unseren eigenen Kontext* und seine wesentlichen Erfahrungen einbeziehen. Wie geht es *uns* denn mit der Vergänglichkeit des Lebens, mit der Plackerei einer sinnlosen Arbeit und mit der Leere, die uns mitten im Betrieb manchmal überfällt? Erst wenn wir die beiden Kontexte berücksichtigen, dann werden wir die vierte Ebene, *Gottes Wort für uns heute,* erreichen. Gottes Wort steckt zwar, wie zu vermuten ist, im alten Text drin, aber es will erst noch lebendig werden.

Ich will jetzt auf unseren eigenen Kontext eingehen und versuchen, unser Verhältnis zu der schnell dahinfließenden Zeit, zur Vergänglichkeit unseres Lebens und zum Tod zu bedenken. Sind *wir* auch wie Gras, gehen unsere Jahre dahin wie ein Seufzer? Gehören *wir* zu denen, die Gott fragen, wie lange noch? Wie lange sollen wir noch in Jahren des Unheils leben? Haben wir überhaupt ein Recht, uns den Psalm anzueignen?

Unsere Beziehung zum Leben scheint mir nicht deswegen gestört, weil wir ohnmächtig und vergänglich sind, sondern weil wir uns einem Allmachtswahn und Allmachtsrausch ergeben haben, der dem Leben selber Gewalt antut. Bis tief in unseren Alltag hinein geht das Grundgefühl von der Machbarkeit aller Dinge. In dem Supermarkt, für den wir das Leben halten, gibt es nichts, was man nicht kaufen kann. Ich will als extremes Beispiel einen amerikanischen Astronauten und General zitieren, der früher im Vietnamkrieg 49 Kampfeinsätze geflogen hat und heute Leiter des wichtigsten wissenschaftlichen Zukunftsprogramms der USA ist, des SDI – »Krieg-der-Sterne«-Programms. General Abrahamson sagte in einem Interview: »Man wird sehr bald das Potential sehen, die ungeheuren Möglichkeiten, man wird das auch an den Mitteln sehen, die bereitgestellt werden. Den nationalen Willen betone ich immer wieder. Der kommt noch vor den technischen Möglichkeiten. Wir vermögen technisch alles. Der Westen hat das meines Erachtens immer bewiesen, und eins müssen Sie wissen: Ich bin ein Technologie-Optimist.« (*Die Welt*, Januar 1985, Sonderdruck für die Bundeswehr.) So denkt und spricht die Machtelite unserer Welt. Wir wissen alles, wir können alles, wir haben unbegrenzte Möglichkeiten. Realistisch betrachtet, müssen wir sagen, daß unsere Zeit nicht in Gottes Händen liegt, sondern in den Händen dieser vom Allmachtswahn wie von einer Droge abhängigen Männer der Macht. Die Katastrophen haben den Allmachtsrausch zwar längst eingeholt, und es scheint fast unmöglich, die Zeichen, die Gott heute auf die Mauern unseres Palastes schreibt, zu übersehen – ich nenne nur Ramstein und Remscheid, und ich könnte genauso gut Sellafield und Würgassen nennen, Orte, an denen die Leukämie bei Kindern durch die erhöhte Bestrahlung zunimmt. Aber noch lebt, wächst und regiert der Allmachtswahn. Er ist unbezogen auf die Realität der verelendenden Menschen – obwohl wir alle wissen, daß Gott Beziehung ist. Als Omnipotenzträumer sind wir rücksichtslos im wörtlichen Sinn, was hinter uns liegt und gefallen ist, spielt keine Rolle, auf Nebenwirkungen des unkontrollierten Willens zur Macht wird kein Gedanke verschwendet. Die Weisheit der Religionen lehrt uns, daß alles mit allem verbunden ist und das Leben wie ein großes verletzliches Gewebe zusammenhängt, aber die, die glauben, daß sie technisch alles vermögen, haben sich längst aus diesem Gewebe gelöst; unbezogen, unbegrenzt, unverbunden planen sie weiter. Und wir alle sind am Allmachtswahn beteiligt, nicht nur die, die unmittelbar von ihm profitieren. Auch ich profitiere zum Beispiel vom unmäßigen Energieverbrauch, von der Ausplünderung der Armen und von der Militärmacht, die dazu da ist, den Allmachtswahn und seinen ungerechten lebenszerstörenden Wohlstand für immer zu erhalten. Dabei warten die voraussagbaren nächsten Katastrophen auf uns alle.

Fürwahr, mit uns ist es aus durch deinen Zorn
und durch deinen Grimm werden wir vernichtet.
Du stellst unsere Verfehlungen vor dich,
unsere heimlichen Vergehen ins Licht
deines Angesichts. (7f.)

Ich habe früher Gottes Zorn nicht verstanden, weil ich die Leere, die Traurigkeit, die Sinnlosigkeit des Lebens wie ein furchtbares Verhängnis ansah, aus einer tragischen Perspektive. Heute denke ich darüber anders, vielleicht hat mich die Bibel lange genug in die Schule genommen. Heute wundere ich mich manchmal, daß Gott nicht viel zorniger ist, daß das Blut der unschuldigen Kinder, die wir aufgrund unserer wirtschaftlichen Präferenzen verhungern lassen, nicht lauter schreit. Heute weiß ich genauer, daß es zur Grundverfassung dieses verletzlichen Lebens gehört, daß wer Wind sät, Sturm ernten wird; daß wer seine Nachbarn haßt, an der eigenen Aufrüstung ersticken wird; daß wer Gift in die Flüsse leitet, seine Kinder zum Verdursten verurteilt.

Die Bibel denkt nicht in zwei Stockwerken: Ewigkeit gegen Zeit, Allmacht gegen Ohnmacht, Zwang und Schicksal gegen Unterwerfung oder Auflehnung. Sie versucht vielmehr, uns einen anderen Weg zwischen Allmacht und Ohnmacht zu zeigen. Gott will uns an der guten Macht des Lebens beteiligen. Gott braucht uns alle als Mitarbeiterinnen am Leben. Gott löst das Machtproblem nicht einseitig, schon darum ist es Häresie, von Gott nur als Mann zu reden. Diese Gegenseitigkeit in der Beziehung zwischen Gott und uns, die alle Liebe, die diesen Namen verdient, charakterisiert, finde ich in unserm Psalm am schönsten darin ausgedrückt, daß auch Gott das Menschliche tun kann: umkehren, sich wieder zuwenden, bereuen. Gott flickt das zerrissene, verschlissene Leben. Und wie wir den ungerechten Zug unseres Lebens anhalten können, so kehrt auch Gott um. Es ist *ein* Vorgang: Gott schaut uns wieder an, lächelt über den Allmachtswahn, und wir beginnen zu lernen.

Ja, eilend ist es dahin, wir fliegen nur so davon.
Wer kennt die Macht deines Zornes
und, wie du zu fürchten bist, deinen Groll!
Unsere Tage zu zählen, das lehre uns,
damit wir einbringen ein Herz von Weisheit. (12)

»Zählt nicht uns, sondern eure Tage«

Ich möchte von einer letzten Begegnung mit dem 90. Psalm in meinem Alltag erzählen. In Hamburg, wo ich wohne, gibt es viele Häuser mit Denksprüchen. Mehrfach fand ich einen Satz aufgesprayt, der mich nachdenklich gemacht hat. »Zählt nicht uns«, war da zu lesen, »sondern eure Tage«. Über diesen Satz grübelte ich nach, bis ich merkte, daß er ja aus Psalm 90 stammt. Luthers Übersetzung lautet: »Lehre uns bedenken, daß wir sterben müssen, auf daß wir klug werden.« Aber das Wort »sterben« steht im Urtext nicht, dort heißt es: »Lehre uns unsere Tage zählen, daß wir ein weises Herz gewinnen.« Der Ausdruck »unsere Tage zählen« hat einen weiteren Sinn, als in Luthers Zuspitzung auf den Tod deutlich wird. Wir zählen die Tage, wenn wir auf etwas oder jemanden warten, es ist ein Ausdruck des bewußten Lebens.

»Zählt nicht uns, sondern eure Tage« ist ein Psalm unserer Zeit, auch wenn das vielleicht nicht allen bewußt ist. Sein aktueller Anlaß war die Volkszählung, die von vielen Menschen als ein Ausdruck des Allmachtswahns des Staates verstanden wurde. Auch ich habe diese Volkszählung als Einmischung und als bürokratische Schikane mit undurchsichtigen Zielen erlebt. Sie erinnerte mich an Kriegsvorbereitungen in meiner Kindheit, in denen auch Räume und Menschen »erfaßt« werden sollten, wie es damals hieß. Aber die Botschaft an der Hauswand kritisiert nicht nur diese Art von Erfassung, sie fügt ja das biblische Wort »zählt eure Tage« hinzu. Sind sie nicht längst gezählt von den Industrien, die um des Profits willen Großkatastrophen in Kauf zu nehmen bereit sind? Sind wir nicht bereits in den Computern der militärischen Planer als Megatote verplant oder als störende Zivilbevölkerung, die die Straßen verstopft, und die möglichst rasch und geräuschlos auszuschalten ist? Werden in unserem Land nicht Schulleiter dazu aufgefordert, Schüler zu selektieren in diejenigen, die ein Anrecht auf einen Bunkerplatz haben, und diejenigen, die man auf die Straße schickt?

Die Botschaft, die ich in diesem Psalm von der Straße höre, ist aber nicht nur die des Weltuntergangs und der lähmenden Katastrophenangst. Unsere Tage zählen heißt nicht nur, daß wir jeden Tag an unsern Tod denken sollen, den Tod, den wir essen und atmen. Es bedeutet auch, daß wir die Tage wägen sollen. Die jüdische Tradition lehrt, daß es keinen Tag gibt, an dem die Umkehr nicht möglich sei. Noch können wir umkehren! Noch dürfen wir jeden Tag bewußt als ein Geschenk Gottes annehmen; jeder Tag lädt uns ein, umzukehren. An jedem Tag können wir Schritte der Umkehr einüben und den Widerstand lernen.

Was wäre denn ein Herz voll Weisheit? Wir können es gewinnen, wenn wir uns der Endlichkeit unseres Lebens bewußt werden, der Begrenztheit unserer Ressourcen, der Fehleranfälligkeit unserer Planungen. Ich möchte hier an einen Mann erinnern, der vielleicht die Tage, die wir von Gott bekommen, anders gezählt hat, als wir es innerhalb der Megamaschine tun. Ich denke an Fritz Schumacher, einen britischen Ökonomen, der lange in Afrika arbeitete und als Ergebnis seiner Erfahrungen und seiner christlichen Grundhaltung in dem berühmt gewordenen Buch »Small is beautiful« (1973) für eine andere, menschengemäße, mittlere Technologie plädierte. Auf deutsch heißt dieses Buch »Die Rückkehr zum menschlichen Maß. Alternativen für Wirtschaft und Technik«. Schumacher begreift Wirtschaft und Großtechnologie als zwei Seiten derselben Gewalt gegen die Armen und gegen die Natur. Unter ungeheurem Kapital- und Energieverbrauch greifen wir zu immer gigantischeren Technologien, ohne zu fragen, wem sie eigentlich dienen und wer sie braucht. Einer Wirtschaftsordnung, die auf Neid und Habsucht gegründet ist und deren Katastrophen für die Zweidrittelwelt schon vor Jahren sichtbar waren, stellt er ein neues Denken des Maßes gegenüber. Die Großtechnologie ist ihrem Wesen nach gewalttätig und räuberisch der Natur gegenüber, sie baut immer größere aufwendige Apparate und produziert immer mehr Arbeitslose und zugleich immer unbefriedigendere Formen der Arbeit, die unsere schöpferischen Fähigkeiten nicht braucht. Fritz Schumacher forderte Verfahren und Anlagen, die auch im kleinen Rahmen anwendbar sind, die auch im Dorf und ohne Superspezialisten funktionieren und die vor allem weder das ganz große Kapital noch den starken Polizeistaat benötigen. Small is beautiful; diesen Grundsatz, daß das Kleine schön ist, leitete er aus einer Schöpfungsfrömmigkeit ab. Wir sind nicht für die Megamaschine geschaffen. Ihre Verantwortung, ihre sogenannten Restrisiken, kann niemand tragen. Wir sind nicht allmächtig, aber auch nicht ohnmächtig einem Zwang unterworfen, der da sagte: Technologie ist Schicksal! Ein Herz voll Weisheit – das bedeutet Einverständnis damit, daß wir kleine Menschen sind, eingebunden in das Gewebe der Natur, kleine Leute, jedenfalls in der überwältigenden Mehrheit, die auf diesem begrenzten Planeten wohnen.

*Unsere Tage zu zählen lehre uns
auf daß unser Herz weise werde.*

Der Psalm führt uns einen langen Weg von der Klage der Vergänglichkeit zum Schrei der Hoffnung. Wann werden wir in diesen Schrei einstimmen können und lernen, die Grundfrage der Glaubenden im Alten und im Neuen Bund zu wiederholen: Wie lange noch? Im Schmerz des vereitelten Lebens, im Zorn über das triumphierende Unrecht wenden wir uns Gott zu. Wir schreien nach ihm, halten danach Ausschau, Gottes Solidarität zu erfahren. Wer Gott so anruft, braucht nicht selber Gott zu sein. Er oder sie kann die falschen Allmachtsträume fahren lassen. Wer an das Leben glaubt, braucht das Leben nicht herzustellen oder zu garantieren. Gott, das Geheimnis des Lebens, wird uns tragen, so daß wir endlich auch beten lernen.

Gebet nach dem 90. Psalm

Gott, du bist unsere Heimat von Generation zu Generation.
Ehe die Berge wurden und die Meere,
ehe unser kleiner blauer Planet,
auf dem sich das Leben durch Liebe und Vereinigung ausbreitet,
von dir geboren wurde nach langer Schwangerschaft,
warst du schon vor allem da und wartetest auf uns.
Du läßt Menschen sterben und rufst neue zum Leben:
Kommt wieder ihr Kinder von Adam und Eva!
Du läßt Kulturen zugrunde gehen,
wenn sie sich von dir trennen,
und rufst andere ins Leben.
Was uns tausendjährig scheint und unaufhebbar,
die blutige Gewalt,
ist dir eine kurze Nachtwache.
Auch Tyrannen brechen erschöpft zusammen,
Wirtschaftskonzerne lösen sich auf,
und das Wissen unfehlbarer Parteien
wird zum Schnee vom vergangenen Jahr.
Es blühte die Sklaverei und war profitreich,
aber am Abend deines Tages war sie verdorrt.
Es kletterten die Erträge der Rüstung bis in den Himmel,
aber dein Zorn läßt sie zugrunde gehen,
und dein Grimm wird den geraubten Wohlstand vernichten.
Unsere Ausplünderung der Armen machst du offenkundig,
unsere gut verschleierten Verbrechen stellst du ins Licht.
So fährt unsere Zeit schnell dahin in Angst vor der Wahrheit,
wir verbringen unsere Jahre wie auf einem Drogentrip,
der umkippt zum Horror.

Unser Leben hier siebzig Jahre,
in andern Ländern werden viele nicht einmal vier.
Hier treiben wir's achtzig Jahre und länger,
aber die Freude ist schal geworden,
es schleppen die Apparate uns weiter.

Wer schenkt dir schon Glauben, armer Gott
ohne Atombomben und ohne Banken,
und wer fürchtet sich schon, wenn deine Fische sterben?
Erinnere uns, daß wir klein sind,
kurzfristig hier auf geliehener Erde wohnend!
Lehr uns, daß wir sterben müssen,
keine Zeit haben für all den Haß,
der unsere Tiefflieger aufheulen macht.
Lehr uns die Tage zählen,
an denen wir an dich denken
und dich wieder rufen.

Dreh dein Gesicht zu uns, Gott,
komm zu denen, die nach dir Ausschau halten.
Mach uns satt am Morgen von deinem Licht,
daß wir Musik machen und kein Tag ohne Freude sei.
Freu uns doch wieder, Gott, nach all den Jahren der Leere
im Land der Plünderer,
da Blut an unsern Bankpalästen klebt.
Bring uns Brot und Rosen mit, Gott,
deinen Glanz steck den Kindern ins Haar.
Sei hell über uns, mach uns leicht
zu kommen und zu gehen
und hilf uns deine Welt zu bewahren,
und treib das Werk unserer Hände voran,
die gute Arbeit der Befreiung.

LUISE SCHOTTROFF
Unsere Arbeit zählt
PSALM 90

Unser Leben fliegt davon

Dieser Psalm hat eine Geschichte unter den Christenmenschen, die zwar dem Psalm aufgezwungen worden ist, die aber nicht verdrängt werden kann. Ich halte sie für so stark, daß ich zunächst etwas zu der christlichen Wirkungsgeschichte sagen möchte, weil sie uns beeinflußt. Sie beeinflußt nicht nur unser Verstehen dieses Psalms, sondern auch die Haltung vieler Menschen zu ihrem Leben. Ich muß dabei auch von meiner Vorgeschichte mit diesem Psalm reden. Ich bin in der Mark Brandenburg großgeworden. In meinem Heimatdorf – Trebatsch – gab und gibt es eine sehr preußisch und kalt wirkende Kirche, daneben ein Kriegerdenkmal für die Gefallenen des 1. Weltkrieges und ein winziges Gemeindehaus, eigentlich ein umgebauter kleiner Stall. An der Stirnseite des Gemeindehauses hatte ein Dorfmaler in Frakturbuchstaben groß und schwarz einen Satz aus Psalm 90 angemalt: »*Und wenn es köstlich gewesen ist, so ist es Mühe und Arbeit gewesen.*« Die Lutherübersetzung von Psalm 90 Vers 10 lautet vollständig: »*Unser Leben währet siebzig Jahre, und wenn's hoch kommt, so sind's achtzig Jahre, und wenn's köstlich gewesen ist, so ist es Mühe und Arbeit gewesen.*« Das klingt stolz und wurde auch so gelesen. Die Bauersfrauen in Trebatsch, auch die ärmeren Landarbeiterfrauen, arbeiteten ununterbrochen, sie zogen Kinder groß, versorgten Vieh, machten Kartoffeln aus, schmierten Stullen. Und wenn sie ganz alt waren, schmierten sie mit krummen rheumatischen Händen immer noch die Stullen für die Kinder. Und wenn's köstlich gewesen ist, dann ist es Mühe und Arbeit gewesen. An Wintersonntagen fand der Gottesdienst im kleinen Gemeindesaal statt, der einen Ofen hatte. Es roch nach Mottenpulver aus den Mänteln, nach Kiefernholz aus dem

Ofen, nach Arbeit und Zufriedenheit und Geborgenheit. Die heile Welt, in der die Menschen denken, daß sie 70, vielleicht auch 80 Jahre leben und daß ihre Arbeit eine köstliche Mühe ist, war in meiner Kinderzeit ganz schnell vorüber. Nationalsozialisten regierten und gaben auch im Dorf den Ton an. Die Männer starben im Krieg. Russische Fremdarbeiterinnen kamen nachts heimlich an die Bauernhäuser, weil sie dem Hungertode nahe waren. Deutsche Soldaten und SS-Einheiten hatten sie als Sklavinnen für kriegswichtige Arbeiten verschleppt. Die heile Welt war schnell vorüber. Im Sommer 1945 zogen wochenlang die Flüchtlinge aus den Gebieten jenseits von Oder und Neiße durchs Dorf. In dem kleinen Gemeindesaal hatte meine Mutter eine primitive Krankenstation für die Typhuskranken eingerichtet. Es gab keine ärztliche Hilfe, keine Medikamente. Auch Kinder sind in dem Gemeindesaal gestorben. An der Wand stand immer noch: Und wenn's köstlich gewesen ist, so ist es Mühe und Arbeit gewesen. Ich kann mich erinnern an das Fieber eines an Typhus sterbenden jungen Mädchens, nur wenig älter als ich. Ich kann mich erinnern, wie mir die heile Welt, die ich mit Psalm 90 verband, zerbrach. Der Krieg war kaum vorüber, da fielen die ersten Atombomben in Japan, die USA vernichteten Hiroshima und Nagasaki. Wenig später begann der kalte Krieg. Die Bedrohung durch den Ost-West-Konflikt und die atomare Rüstung hat mein Leben begleitet. In jenen Jahren verzweifelte ich mitten in meiner Jugend. Ich sah keine verläßliche Zukunft mehr. Ich sah die Vergänglichkeit und Vernichtung als unausweichliches Schicksal.

Ich höre heute von denen, die so jung sind wie ich damals, ähnliche Trauer: das Ende mit Schrecken kommt irgendwann. Das Ozonloch, atomare Katastrophen, Waldsterben – die Wahrscheinlichkeit, daß wir nicht 70 oder 80 Jahre alt werden, ist so groß, daß eh alles egal ist. Alles ist eitel. Das Leben ist nur ein kurzer, bedrohter Augenblick. Laßt uns bewußt im Heute leben, denn morgen sind wir tot. Die nationalsozialistische Propaganda hatte gegen Ende des 2. Weltkrieges die Menschen dazu gebracht, zu singen: »Freut euch des Lebens, solange noch das Lämpchen glüht . . .« Noch glüht das Lämpchen, aber nicht mehr lange. Psalm 90 ist immer wieder so gelesen und gehört worden: »*du läßt die Menschen dahinfahren wie einen Strom; sie sind wie ein Schlaf, gleich wie ein Gras, das doch bald welk wird, das da frühe blühet und des Abends abgehauen wird und verdorrt*«; Lutherübersetzung (Ps 90,5f.). Freut euch des Lebens, es ist so schnell vorüber wie das der Gräser, die morgens blühen und abends schon abgeschnitten sind und vertrocknen! So kann man sich mit dem Elend unserer Zukunft und den Katastrophen der Gegenwart versöhnen. Alles Fleisch ist sterblich. Das Leben ist ein kurzer Hauch. Die Ewigkeit Gottes tröstet uns. Dann kommt es nicht mehr so darauf an, daß in Äthiopien die Kinder sterben, weil sie nichts zu essen haben. Dann kommt es nicht mehr so darauf an, daß in der Umgebung von Würgassen, von Sellafield, von Biblis die Leukämie bei Kindern zunimmt. Freut euch des Lebens, solange noch das Lämpchen glüht. Unser Leben ist ein Hauch, es vergeht wie Gras – so steht es schon in der Bibel. So kann man sich damit aussöhnen, daß *Menschen* das Leben so vergänglich machen, daß es menschengemachte Katastrophen sind, die die Zukunft unserer Kinder bedrohen. Sterben müssen wir schließlich alle. Die Resignation, die Schicksalsergebenheit beschlich mich damals, als der kalte Krieg begann, und sie beschleicht mich immer wieder. Mit ihr läßt es sich nämlich ganz gut leben. Die Vorstellung der allgemeinen Sterblichkeit entlastet mich. Es stiftet Ruhe zu denken, daß das Leben ohnehin zerbrechlich ist. Ich lebe heute. Fürs Morgen ist Gott zuständig, nicht ich: er ist ewig, ich bin sterblich. Psalm 90 ist von vielen Generationen von ChristInnen als das Hohe Lied auf die Sterblichkeit gelesen worden, als Schule für ein Leben, das sich zufriedengibt, denn unser Leben fliegt davon, »*es fähret schnell dahin, als flögen wir davon*« (Luther Ps 90,10).

In Wirklichkeit ist Psalm 90 nicht das Hohelied der Sterblichkeit, mit der ich mich abzufinden habe, es ist die Klage von Menschen, die so elend leben müssen wie die Menschen heute in Äthiopien und anderen Hungerländern und die deshalb Gott klagen, daß ihr Leben eine Quälerei ist. Und selbst wenn sie 70 oder 80 Jahre leben, ist das Leben eine Dauerquälerei gewesen ohne Freude, ohne Muße, ohne Gotteslob. Psalm 90 ist in seinem ersten Teil eine verzweifelte Klage von Menschen, die von der Armut niedergedrückt werden. Der Psalm stammt aus der nachexilischen Zeit des Volkes Israel. Er spricht eine Elendssituation an, die wir auch aus anderen biblischen Texten kennen: »Ihr sät, aber bringt wenig ein; ihr eßt, aber werdet nicht satt; ihr trinkt, aber bekommt nicht genug; ihr kleidet euch, aber werdet nicht warm, und wer sich um Lohn verdingt, arbeitet in einen löchrigen Beutel« (Haggai 1,6). Die Menschen leben mit Hunger, ihr Lohn reicht nicht aus zum Leben.

»Wie Wildesel in der Steppe ziehen sie aus zu ihrem Werk, durchsuchen nach Nahrung die Einöde, nach Brot für die Kinder. Auf dem Felde ernten sie des Nachts, und im Weinberg des Frevlers raffen sie auf. Nackt übernachten sie ohne Gewand und ohne Decke in der Kälte, werden vom Gebirgsregen naß, ohne Zuflucht klammern sie sich an den Fels ... Nackt gehen sie, ohne Kleid, und tragen hungrig die Garben ein, zwischen Terrassenmauern pressen sie Öl, treten die Kelter und leiden Durst« (Hiob 24,5–8.10f). Diese verzweifelten Menschen klagen Gott ihr Leid, sie bitten ihn flehentlich, er soll endlich ein Ende mit dem Elend machen, in dem ihnen ihr Leben freudlos davonfliegt.

Wir sind keine hungernden Wildesel in der Steppe. Selbst die Dauerarbeitslosen müssen nicht hungern, dafür ist schließlich MacDonalds, ungesundes billiges Fastfood, da. Aber wir sind in der Lage, diese Klage unserer jüdischen Geschwister vor 2500 Jahren zu verstehen. Wir hören in ihr die Klage der Menschen in der Zweidrittelwelt, die durch die Ausbeutung der Industrieländer leiden. Wir hören in der Klage unserer jüdischen Geschwister aus lange vergangener Zeit auch unsere Klage über unser gestohlenes Leben, das uns davonfliegt in Angst und Resignation. Wir hören diese alte Klage, die auch das menschengemachte Elend heute als Zeit des Zornes Gottes begreift. Gott zürnt über uns, deshalb fliegt uns unser Leben davon. Aber diese Welt, in der das Elend die Freude verschüttet hat, ist nicht in Ordnung. Sie ist beklagenswert. Sie ist nicht nach Gottes Willen so zerbrechlich geworden, wir haben sie selbst so zerbrechlich gemacht.

Ich lese nun die Klage des Psalms 90 über das Leben, das denen, die hungern, davonfliegt. Wir können es als unsere Klage hören, die nicht hungern, aber Angst haben müssen vor den menschengemachten Katastrophen. Ich lese nicht die Lutherübersetzung, sondern eine moderne Übersetzung (von Willy Schottroff) und füge jeweils erläuternde und klagende Sätze hinzu:

Gott, wir sind verzweifelt und klagen Dir unser Leid:

V. 3: *»Du läßt (die) Menschen zurückkehren zum Staub und sprichst: Kehrt zurück (zum Staub), Menschenkinder. Tausend Jahre sind in deinen Augen wie der gestrige Tag, wenn er vorüber ist, und (wie) eine Wache in der Nacht.«*

Gott, du bist weit weg von uns. Unser Leben ist wie ein Hauch, und du hast dich von uns abgewendet. Du blickst nicht auf uns mit der Liebe, die jeden Tag zählt, sondern mit der Distanz des Zorns, die unser Leben verkürzt zu einem flüchtigen Augenblick.

V. 5: *»Du raffst sie dahin, ein Schlaf sind sie am Morgen, wie das Gras, das vergeht:*
am Morgen blüht es – und es ist vergangen,
am Abend welkt es – und es ist verdorrt.«

Gott, wir wollen nicht leben wie Eintagsfliegen
Menschenmaterial, dessen massenhafter Tod von den Militärs eingeplant wird,
Zivilbevölkerung, die im Ernstfall die Straßen verstopft,
aber weit wird sie nicht kommen.

V. 7: *»Fürwahr: mit uns ist es aus durch deinen Zorn, und durch deinen Grimm werden wir vernichtet. Du stellst unsere Verfehlungen vor dich, unsere heimlichen Vergehen ins Licht deines Angesichts.«*

Gott, wir leben ein Doppelleben. Wir leiden unter der

Gewalt des Konsums in unserer kapitalistischen Wegwerfgesellschaft, aber heimlich genießen wir ihre Verführungen. Jede Müllhalde ist uns zur Offenbarung deines Zorns geworden.

V. 9: *»Ja, alle unsere Tage schwinden dahin durch deinen Zorn,*
unsere Jahre nehmen ein Ende wie ein Seufzer.
Die Zahl unserer Jahre ist 70 Jahre,
wenn es hoch kommt, sind es 80 Jahre,
und selbst ihre stolzeste Pracht ist Mühsal und Last.«

Die schönsten Augenblicke unseres Lebens können die Scham und die Angst nicht vergessen lassen,
die Angst um die Zukunft der Schöpfung,
die Scham über unsere Mittäterschaft bei der Ausbeutung der Armen.
Unser Leben entgleitet uns.

V. 10b: *»Ja, eilends ist es dahin, – wir fliegen nur so davon.*
Wer kennt die Macht deines Zornes
und, wie du zu fürchten bist, deinen Groll?
Unsere Tage zu zählen, das lehre uns,
damit wir einbringen ein Herz von Weisheit.«

Gott, du kannst uns lehren, wie wir den rasenden Zug unseres ungerechten Lebens anhalten können;
lehre uns, unsere Tage zu zählen;
lehre uns, jeden Tag, den du uns schenkst, zu leben;
lehre uns, jeden Tag den langen Weg zu deiner Gerechtigkeit neu zu beginnen.

Lehre uns, unsere Tage zu zählen

Psalm 90 verwandelt sich an dieser Stelle, aus der Klage wird eine Bitte an Gott. Gott soll aufhören zu zürnen, er soll sich verbünden mit denen, die ihm dienen wollen. Die Bitten an Gott sind drängend, aufdringlich, Gott ist auf einmal nicht mehr weit weg. Die Beter halten ihn fest: sei unser Lehrer, sei mit uns solidarisch, bereue deinen Zorn. Schaffe uns Ausgleich für unser Elend – ebensoviele Tage, wie wir geklagt haben, wollen wir jubeln. Verwandle uns in glückliche Menschen, glücklich durch deine Gegenwart. Du bist nicht mehr der ferne Gott, vor dem 1000 Jahre wie ein Tag sind, du bist uns nah, leidest mit uns und machst unsere Hände stark zur Arbeit, die deiner Schöpfung, den Pflanzen und Tieren und Menschen dient.

V. 12: »*Unsere Tage zu zählen, das lehre uns,*
damit wir einbringen ein Herz von Weisheit.
Laß ab, Gott, wie lange noch!
Und laß es dich gereuen, denn wir dienen dir!«

V. 14: »*Sättige uns am Morgen mit deiner solidarischen Verbundenheit,*
so daß wir jubeln und uns freuen all unserer Tage!
Erfreue uns entsprechend der Zahl der Tage, die du uns bedrücktest,
der Jahre, da wir bitteres Elend sahen.«

V. 16: »*Laß sichtbar werden dein Tun an denen, die dir dienen,*
deine Herrlichkeit über ihren Kindern!
Und es sei die Freundlichkeit unseres Gottes über uns;
und gib dem Werk unserer Hände Bestand bei uns,
dem Werk unserer Hände, gib ihm Bestand!«

Ich möchte von einer Ermutigung berichten, die ich vor einigen Wochen erlebt habe und die mich fähig macht, die Verwandlung zu verstehen, die Psalm 90 beschreibt, die Verwandlung von der Klage zum Jubel.

Nach Gorbatschows Initiativen zur Abrüstung war die Kraft aus der Friedensbewegung heraus. Die Menschen sahen die Bedrohung aus dem Osten schwinden, die atomaren Mittelstreckenwaffen sollen aufgrund von Vereinbarungen abgeschafft werden. Weitere Abrüstungsverhandlungen sind geplant. Ich war berührt von dem Mut Gorbatschows, der mit der Zählerei einseitig aufhörte. *Er* hat den ersten Schritt getan, um den wir unsere westlichen Politiker angefleht hatten. Ich war froh zu hören, daß die Bevölkerung endlich beginnt, den

Antikommunismus, die Behauptung der Bedrohung aus dem Osten zu durchschauen – als Propagandalüge zu durchschauen, die der Antikommunismus seit Hitlers Tagen unverändert war. Trotz dieser großen Wunder: Gorbatschows Initiativen und dem Schwund des deutschen Antikommunismus war mein Herz schwer und mein Mund voller Klage: Ich habe den Machthabern der USA nicht getraut. Ich sah im Hunsrück das gespenstische Photo eines Bombers, der *statt* der Mittelstreckenraketen atomare Bomben weit nach Osten transportieren kann. Ich begriff, daß die Mittelstreckenraketen sofort durch eine analoge Waffe ersetzt wurden. Ich sah dieses Photo an einem sonnigen Oktobertag 1988. Das Photo war von Menschen aufgenommen, die in der Nähe eines US-Militärflugplatzes leben. Eine öffentliche Diskussion über diese Bomber gibt es kaum, auch heute nicht, wo wenigstens über die Kurzstreckenraketen diskutiert wird. Es wurde mir immer wieder schwindlig vor der Wahrheit: nichts hat sich an der USA-Strategie geändert. Sie hält fest an dem Konzept der Abschreckung und des Antikommunismus.

In meiner großen Verzweiflung war ich oft allein, alle Welt sagte: Wir brauchen keine Friedensbewegung mehr. Das Thema Frieden ist »out«. Meine Verzweiflung wuchs zur Bitterkeit. Durch ein Buch habe ich aus der Verzweiflung herausgefunden, durch ein Buch und die Menschen, die hinter dem Buch stehen. Ulrich Duchrow hat zusammen mit Freunden ein Buch herausgegeben: »Totaler Krieg gegen die Armen. Geheime Strategiepapiere der amerikanischen Militärs« (München 1989). In diesem Buch bestätigte sich meine Analyse: es ist sowohl in den in diesem Buch veröffentlichten geheimen Strategiepapieren als auch in den für die Öffentlichkeit bestimmten Santa-Fé-Papieren zu lesen, daß die langfristigen Planungen der USA-Regierungen unverändert trotz Gorbatschow den alten militärischen und ideologischen Antikommunismus zur Richtschnur haben und daß sie einen erbarmungslosen Krieg um die Länder ihrer Einflußsphäre in der dritten Welt führen. Seit Vietnam sind diese Kriege nicht mehr als »heiße« Kriege führbar; die amerikanische Bevölkerung akzeptiert heiße Kriege nicht mehr. Die Kriege werden aber trotzdem geführt und auch Krieg genannt: LIC Low Intensity Warfare (bzw. Conflict) – Kriegsführung niedriger Intensität. Diese Kriegsführung konnten wir bei den Contras gegen Nicaragua beobachten, wir können sie jetzt bei Panama beobachten. LIC richtet sich gegen die Länder der sogenannten dritten Welt. Zu dieser Kriegsführung gehört fundamental auch der Krieg um die Herzen und den Verstand der Menschen. Dieser Krieg um die Herzen wird mit allen Mitteln der Propaganda geführt, und dazu gehört auch christliche Religion und Theologie, die sich dieser Kriegsführung dienstbar macht. Die USA-Strategiepapiere wollen nämlich mit einer antikommunistischen Theologie, einem antikommunistischen Christentum, die Befreiungstheologien bekämpfen, die es heute in Lateinamerika, aber auch in Korea und in der Bundesrepublik und vielen anderen Ländern gibt. An einer Befreiungstheologie im Kontext Deutschland arbeiten meine Freundinnen und Freunde seit Jahren. Wieviel Kämpfe, wieviel Unterdrückung haben wir erlebt und erleben wir immer noch! Texte werden nicht gedruckt, Filme zensiert – jedenfalls im Fernsehen –, Verleumdungen verbreitet – natürlich immer nicht öffentlich. Das Buch von Ulrich Duchrow und seinen Freunden sagt: Die Kirchen haben »die einmalige Chance, mit Hilfe dieser Papiere zu durchschauen und abzuwehren, was an Instrumentalisierungsversuchen auf sie zukommt, aber auch gelassen zu reagieren, wenn sie aus dieser Richtung angegriffen werden. Sie können sich – in Solidarität mit den Armen – ihrer großen Bedeutung und Verantwortung für die Delegitimierung der Interessenpolitik des Westens bewußt werden, oder sie werden sich wegen deren Legitimierung verantworten müssen« (60f.).

Das Vorwort schließt mit zwei lapidaren Sätzen: Die »Menschenrechts- und Solidaritätsbewegungen« können »Mut gewinnen. Ihre Arbeit zählt«. Unsere Arbeit zählt; es ist wichtig, daß auf dem Kirchentag die Menschen aus den Solidaritätsbewegungen zusammenkommen. Unsere Arbeit zählt – und die Bibel zählt. Die Bibel ist nämlich nur noch mit Tricks im Sinne einer Legitimation kapitalistischer Herrschaft – überhaupt eines Herrschaftssystems zu interpretieren. Die Bibel sagt, »Selig sind die Armen, denn ihnen gehört die Königsherrschaft Gottes«. Die Bibel sagt, »Liebet eure Feinde«, und nicht: der Kommunismus ist das Reich des Bösen. Die Bibel sagt: »Gib dem Werk unserer Hände Bestand bei uns« (Ps 90), und nicht: du kannst ja doch nichts machen. Dieses Buch von U. Duchrow und die dahinterstehenden Menschen in der dritten Welt, in den USA oder bei uns – und im Osten – hat mich so sehr ermutigt, daß ich davon erzählen wollte, weil ich hoffe, daß es auch andere ermutigt. Unsere Arbeit zählt. »Lehre uns, unsere Tage zu zählen«, sagt Psalm 90. Das heißt nicht: denke jeden Tag an deinen Tod, sondern, nimm deinen Tag als Geschenk Gottes ernst. Jeder Tag zählt, dein Leben zählt, unsere Arbeit zählt.

Ich möchte die LeserInnen bitten, darauf zu achten, wo unter Christen und Christinnen gesagt wird, wir seien vor Gott klein und ohnmächtig. Ich möchte sie bitten, dem zu widersprechen. In der *Klage* vor Gott sind wir klein und ohnmächtig, und unsere Tage fliegen davon. Aber Gott kommt zu uns und wir jubeln, wir lernen, unsere Tage zu zählen, und unser Leben zählt. Wir sind nicht mehr klein und ohnmächtig, sondern angefüllt mit Gottes Kraft.

Ich versuche, mit anderen Frauen in Kassel eine Arbeit aufzubauen für Frauen, die in unserem Kontext Bundesrepublik feministische Befreiungstheologie weiterentwickeln wollen. Es soll wenigstens ein kleiner Raum dasein, wo diese Arbeit gefördert wird, denn in der Regel wird sie behindert. An den theologischen Fakultäten wird sie diffamiert. Der modische Buchmarkt zu Frauenthemen sollte uns darüber nicht hinwegtäuschen. Am Ende wird das Interesse der Frauen gar nur dazu mißbraucht, um die neue Weiblichkeit zu propagieren. Sie läßt sich gut mit LIC Low Intensity Warfare verbinden. Für die Arbeit in Kassel gibt es wenig Geld, immer ist unklar, wie lange sie noch weitergehen kann. Manchmal werde ich mutlos. Und dann treffe ich unvermutet auf Menschen, Frauen und Männer, die in völliger Klarheit und Solidarität die Subtilität der Schwierigkeiten durchschauen, mit denen bei uns LIC als psychologische Kriegsführung gegen Befreiungsaktivitäten stattfindet. Auch in der Kirche, auch von Leuten, die es sich selbst nicht klarmachen, was sie tun, wenn sie nur das tun, was »man« akzeptiert. Die Klarheit und Solidarität meiner Schwestern und Brüder kommt aus Erfahrungen: wenn sie selbst an irgendeinem Punkt begonnen haben, für Befreiung öffentlich zu arbeiten, für die Gerechtigkeit in Südafrika, den Boykott der deutschen Banken, die mit dem Apartheidsregime Geschäfte machen, oder für die Gerechtigkeit in unserer Gesellschaft, die sich längst an über zwei Millionen Arbeitslose gewöhnt hat. Die Klarheit und Solidarität meiner Schwestern und Brüder kommt aus Erfahrungen in dieser Arbeit. Sie kommt aus der Nähe Gottes, von der wir zu singen lernen:

V. 14: »*Sättige uns am Morgen mit deiner solidarischen Verbundenheit,*
so daß wir jubeln und uns freuen all unsere Tage!
Und es sei die Freundlichkeit unseres Gottes über uns,
und gib dem Werk unserer Hände Bestand bei uns,
dem Werk unserer Hände, gib ihm Bestand.«

Der kleine Gemeindesaal in Trebatsch wurde 1944 von den Nazibehörden beschlagnahmt und ein Kindergarten mit einer stramm nationalsozialistischen Kindergärtnerin darin eingerichtet. Sie sollte den Dorfkindern schon als Winzlingen militärische Disziplin beibringen. Sie mußten antreten wie die Pimpfe und Heil Hitler rufen und Nazilieder singen. Meine Mutter war die Pfarrfrau, mein Vater war als Soldat in Rußland, das Gemeindehaus stand im Hof des Pfarrhauses. Meine Mutter wollte es nicht zulassen, daß die Kinder zu kleinen Vaterlandsverteidigern – wie man damals sagte – abgerichtet werden. Eines Vormittags ging sie zu der Kindergärtnerin und sagte ihr, hier sei der Boden der Kirche, ein christliches Gemeindehaus. Sie dürfe in diesem Rahmen, auch wenn er beschlagnahmt sei, nicht gegen den Geist Jesu Christi verstoßen und die Kinder zu kleinen Soldaten erziehen. Ich sehe noch die energische Handbewegung, mit der meine Mutter ihren Rock geradezog, ehe sie in den Gemeindesaal ging. Sie machte sich mit dieser Handbewegung Mut. Denn natürlich wurde eine solche Aktion von der Kindergärtnerin der Gestapo gemeldet. An der Stirnseite des Gemeindesaales stand: Und wenn's köstlich gewesen ist, so ist es Mühe und Arbeit gewesen. Es kommt darauf an, was wir unter Arbeit verstehen. Die Bibel versteht unter der köstlichen Arbeit nicht die Maloche, sondern die Arbeit in der Ernte Gottes. Ich erinnere mich an meine Mutter als an eine Arbeiterin in der Ernte Gottes. Unsere Arbeit zählt, es zählt, sich an unsere Mütter und Väter im Glauben zu erinnern, an die vielen jüdischen und christlichen Menschen, die vor uns Psalm 90 gebetet haben und die mit diesem Psalm verwandelt wurden von der Verzweiflung über Gottes Zorn zum Jubel über seine Solidarität: »so daß wir jubeln und uns freuen alle unsere Tage«.

Psalm 90 klagt und bittet, Psalm 90 beginnt mit einem Satz tiefen Vertrauens zu Gott. Die Klage ist überhaupt nur möglich, wenn ich weiß, daß mir Gott zuhört. Die Klage selbst ist ein befreiender Schritt. Psalm 90 beginnt so: V. 1 f.: »*Gott, Hilfe bist du uns gewesen Generation um Generation. Ehe die Berge geboren wurden, Erde und Festland in Wehen lag(en), warst du Gott von Ewigkeit zu Ewigkeit.*« Der Psalm beschwört Gott: unseren Eltern und Großeltern hast du beigestanden, steh' auch uns bei. Ja ehe es überhaupt die Erde in ihrer heutigen Gestalt gab, als sie noch schwanger war mit den Bergen – da warst du da. »Von Ewigkeit zu Ewigkeit«: das ist die Sprache des Gotteslobes, Ausdruck der Freude und des Glückes. Vor der Klage steht schon die Erfahrung des Trostes, sonst würden wir in Bitterkeit verstummen. Das Gotteslob, der Jubel, hat in unserer protestantischen Tradition nur wenig Platz.

Halleluja – das kommt in der Liturgie vor, als Kind habe ich nichts damit verbunden. Am ehesten noch Bilder mit Engeln, die Musik machen. Aber in meinem normalen Leben wußte ich keinen Ort des Jubels, des Gotteslobs. Erst spät durch die jüdische Feier des Sabbats habe ich begriffen, was Gotteslob ist und daß es das auch in meinem Leben gibt. Der Sabbat ist von Gott geschaffen, damit die Menschen feiern und beten, ihr Leben genießen mit Essen und Trinken und Kerzen und Gemeinschaft. Alle diese guten Sachen sind dann auf einmal nicht Produkte einer konsumfördernden Industrie, sondern Geschenke Gottes. Wir können unser Leben genießen, und dieser Genuß wird gleichzeitig zum Gebet. Ich kann riechen, wie gut die Heckenrosen duften und das reifende Korn. Ich lobe Gott, daß er uns Rosen und Korn und feine Nasen gegeben hat. Ich kann fühlen, wie sich Holz anfühlt, glatt gehobeltes Holz. Ich kann fühlen, wie sich die Hände der Menschen anfühlen, die mich festhalten. Gott, Hilfe bist du uns gewesen Generation um Generation. Meiner Mutter hast du geholfen, du hast mir Menschen gegeben, deren Hände ich fühlen kann. Wir können unser Leben genießen – dafür ist eigentlich der Sabbat von Gott geschaffen worden.

Wir ChristInnen haben später, als das Christentum eine mächtige Herrschaftsreligion wurde, den jüdischen Sabbat verachtet, nur noch den Sonntag gefeiert. Oft war der Sonntag gar nicht, was er sein sollte, Tag der Erinnerung an die Auferstehung Christi. Oft war er Tag der sichtbaren Macht der Kirche. Noch heute in der Diskussion über Sonntagsarbeit ist oft unklar, ob die Kirche den Sonntag verteidigt, weil die Menschen nur als Kinder Gottes leben können, wenn sie gemeinsam Zeit zum Genießen haben, zur Gemeinschaft beim Essen und Trinken, wenn sie sich fühlen können, wenn sie singen können, und sei es die schöne blaue Donau, oder: warum ist es am Rhein so schön. Das Gotteslob ist eine elementare Lebensäußerung und braucht nicht unbedingt die Formen einer religiösen Tradition. Das Gotteslob ist Ausdruck des Vertrauens zu Gott, des Genießens, des Glücks. Ich kann mit meinem Mund schmekken, wie Erdbeeren schmecken, und ich kann mit meinem Mund Gott loben. Und Gott besteht gar nicht darauf, daß ich beides säuberlich unterscheide. Die jubelnde Sinnlichkeit, der Genuß und die Sabbatfeier hält uns am Leben, macht uns fähig zur Klage und dazu, Gott anzuflehen, er möge seinen Zorn abwenden von unseren kaputten Herzen und uns durch seine Liebe zu aufrechten, glücklichen Menschen machen, die fähig sind zur Arbeit in der Ernte Gottes.

Zeitansage

Jetzt ist die Stunde des Gotteslobes.
Unser Mund schmeckt die Früchte des Sommers.
Unsere Lippen können pfeifen und singen:
Gott zur Ehre und uns zur Lust.

Jetzt ist die Stunde der Klage.
Unser Leben fliegt davon.
Wir sind die todgeweihte Zivilbevölkerung.
Gott, du bist so weit entfernt.
Unser Leben ist wie das Gras, das am Abend schon verdorrt.

Jetzt ist die Stunde der Arbeit und des Widerstands.
Gott, lehre uns, unsere Tage zu zählen.
Jeder Tag ist dein Geschenk.
Unsere Arbeit zählt.

Jetzt ist die Stunde des Gotteslobes.
Unsere Hände fühlen die Hände der Geschwister.
Der Duft der Rosen und des Kornes riecht nach dir,
Gott, nach deiner zerbrechlichen Ewigkeit.

LUKAS 13,6–9

6 *Er sagte ihnen aber dies Gleichnis: Es hatte einer einen Feigenbaum, der war gepflanzt in seinem Weinberg, und er kam und suchte Frucht darauf und fand keine.*

7 *Da sprach er zu dem Weingärtner: Siehe, ich bin nun drei Jahre lang gekommen und habe Frucht gesucht an diesem Feigenbaum, und finde keine. So hau ihn ab! Was nimmt er dem Boden die Kraft?*

8 *Er aber antwortete und sprach zu ihm: Herr, laß ihn noch dies Jahr, bis ich um ihn grabe und ihn dünge;*

9 *vielleicht bringt er doch noch Frucht; wenn aber nicht, so hau ihn ab.*

MARKUS 13,28–33

28 *An dem Feigenbaum aber lernt ein Gleichnis: Wenn jetzt seine Zweige saftig werden und Blätter treiben, so wißt ihr, daß der Sommer nahe ist.*
29 *Ebenso auch: wenn ihr seht, daß dies geschieht, so wißt, daß er nahe vor der Tür ist.*
30 *Wahrlich, ich sage euch: Dieses Geschlecht wird nicht vergehen, bis dies alles geschieht.*
31 *Himmel und Erde werden vergehen; meine Worte aber werden nicht vergehen.*
32 *Von dem Tage aber und der Stunde weiß niemand, auch die Engel im Himmel nicht, auch der Sohn nicht, sondern allein der Vater.*
33 *Seht euch vor, wachet! Denn ihr wißt nicht, wann die Zeit da ist.*

LUISE SCHOTTROFF
Wir riechen den nahen Sommer
LUKAS 13,6–9; MARKUS 13,28–33

Die Perspektive der Überlebenden

Mk 13,28–33 und Lk 13,6–9 erzählen zwei Gleichnisse von Feigenbäumen. Ich möchte mit Lk 13 beginnen und einige vorangehende Verse dazunehmen. Gerade sie sind eine Zeitansage mit einer großen Deutlichkeit für die Situation, in der wir heute leben. Es heißt bei Lk 13,1–5:

»*Es kamen aber ... einige (Frauen und Männer) zu (Jesus) und berichteten ihm über die Galiläer, deren Blut Pilatus mit dem Blut ihrer Opfer (,die sie im Tempel in Jerusalem darbringen wollten') gemischt hatte. Und (Jesus) sagte zu ihnen: ›Meint ihr, daß diese Galiläer sündiger waren als alle Galiläer, daß sie dieses erlitten haben? Nein, ich sage euch, wenn ihr nicht umkehrt, werdet ihr alle ebenso zugrunde gehen. Oder jene achtzehn, auf die der Turm im Bereich des Siloahteiches fiel und sie tötete, meint ihr, daß sie schuldiger waren als alle Menschen, die in Jerusalem wohnen? Nein, ich sage euch, wenn ihr nicht alle umkehrt, werdet ihr ebenso zugrunde gehen.‹*«

Pilatus, der römische Präfekt, der die Beherrschung des jüdischen Volkes für das römische Weltreich durchzusetzen hatte, hatte auch in sogenannten Friedenszeiten paramilitärische Aktionen nötig, um die Befreiungsbewegungen im jüdischen Volk zu unterdrücken. Einmal gab es in Jerusalem eine unangemeldete Demonstration – wie wir heute sagen würden –, weil Pilatus das Geld des Tempels beschlagnahmen wollte, um eine große Wasserleitung zu bauen. Die jüdischen Menschen versammelten sich aufgeregt, um gegen diesen Eingriff von oben in ihre Rechte zu protestieren. Pilatus schickte seine Soldaten, als Juden verkleidet, mit Knüppeln unter den Gewändern, unter die unbewaffnete Menge. Als sich die Unruhe der

Juden und Jüdinnen steigerte, schlugen die Soldaten auf die Menschenmenge ein. So verschüttete Pilatus das Blut jüdischer Menschen auf dem Pflaster Jerusalems. In Lk 13 sagt Jesus zu den Frauen und Männern, die ihm von einer neuen Gewalttat des Pilatus berichten: Meint ihr, daß diese Opfer sündiger waren als das ganze Volk? Meint ihr, weil ihr diesmal nicht getroffen wurdet, daß ihr so tun könnt, als ginge euch das alles nichts an? Meint ihr, ihr könntet euch den Luxus der Perspektive der Überlebenden leisten? Dieser Mord ist ein Zeichen für euch: Kehrt um, sonst geht das ganze Volk zugrunde. Zieht die Konsequenzen aus der Katastrophe. Die Katastrophe hat etwas mit eurer Schuld zu tun, ihr habt nicht auf Gottes Willen geachtet, ihr habt falsch gelebt.

Dieser Bibeltext hat für mich eine Unmittelbarkeit, daß ich meine, er sei eine scharfsichtige Analyse meiner eigenen Situation und vielleicht auch vieler Schwestern und Brüder, die ähnliches erleben. Der Luxus, die Katastrophe mit der Perspektive der Überlebenden zu betrachten, ist mein täglicher Luxus, ein geradezu zwangsläufiges Geschehen. Ich sitze vor dem Fernseher und sehe unsere wöchentliche Katastrophe: Menschen, die vor dem Feuerball der Explosion in Ramstein erstarren, Menschen, die das Öl vom Strand in Alaska abkratzen, Menschenreste, die aus dem weiträumigen Areal eines Flugzeugabsturzes zusammengesucht werden. *»Meint ihr, jene Galiläer seien schuldiger als alle Galiläer, daß dieses Leiden sie getroffen hat?«* Ich sitze vor dem Fernseher, ohnmächtig und erleichtert, daß es mich und meine Lieben ja nicht getroffen hat. Alle BewohnerInnen dieses Landes können die nächste Katastrophe voraussehen, dazu gehört nicht viel Phantasie. Alle BewohnerInnen dieses Landes profitieren von den billigen Ölpreisen, die einer der Ursachen von Wohlstand und Katastrophen sind. Alle BewohnerInnen dieses Landes leisten sich den Luxus der Perspektive der Überlebenden, solange ihnen die Augen nicht aufgehen. Die Opfer sind stumm oder werden stummgemacht. Opfer sind die Toten und Verletzten von Ramstein, aber auch die wohnungssuchenden Familien, die von

Arbeitslosigkeit betroffen sind. Opfer sind die krebskranken Kinder, die durch Umweltschäden krank werden, aber auch Flüchtlinge, die mit bürokratischen Tricks an unseren Grenzen zurückgeschickt werden. Die Perspektive der Überlebenden ist der alltägliche Luxus derer, die nicht getroffen sind, die noch nicht getroffen sind, die gerade noch eben verdrängen können, wie nahe ihnen die Bedrohung gekommen ist.

Ich kann gerade noch eben verdrängen, daß die Belastung durch Tschernobyl im Raum München immer noch ein Mehrfaches der radioaktiven Vergiftung in Norddeutschland beträgt. Ich kann es gerade noch verdrängen, obwohl unser Sohn seit Jahren in München lebt. Der Luxus der Perspektive auf die anderen, die getroffen wurden, ist allzumenschliche Alltagsschuld. »*Meint ihr, daß diese Galiläer schuldiger waren als alle Galiläer, daß sie solches erlitten haben?*« Manchmal ist der Deckel nicht mehr ordentlich auf dem Topf zu halten, da wählen Menschen republikanisch, weil sie sich vom starken Mann Hilfe erhoffen, oder andere schlagen auf Polizeiwagen und Polizisten ein, um ihrer Wut Luft zu machen. Danach wird dann ganz schnell der Deckel wieder auf den Topf gedrückt. Die Perspektive der Nichtbetroffenen funktioniert wieder.

Ich denke darüber nach, wie in Zukunft, wenn die Umweltkatastrophen den Menschen noch näher auf den Leib rücken, die Geschichte weitergehen wird. Manchmal fürchte ich, daß dieser eingeübte Mechanismus bei den Überlebenden es schaffen könnte, die Umweltzerstörung weiterzubetreiben, selbst wenn schon in jeder Familie ein Kind stirbt. Der eingeübte Mechanismus der Überlebenden hat auch nach 1945 funktioniert. Natürlich denke ich noch oft an meinen Bruder, der als Kind in einem stalinistischen Lager verhungerte, aber ich habe überlebt. Natürlich reden wir noch manchmal von den ermordeten Jüdinnen und Juden in unseren deutschen Konzentrationslagern, aber Konsequenzen sind in unserem Volk und unserer Kirche und Theologie bis heute nicht daraus gezogen worden. Wir leisten uns den Luxus der Perspektive der Überlebenden. Sie erlaubt es, so weiter zu wursteln wie bisher.

Manchmal mit kleinen Schönheitsreparaturen. Niemand will es gewesen sein, aber alle sind verwickelt. Diesmal noch sind wir davongekommen. Hurra, wir leben noch.

»Wenn ihr nicht alle umkehrt, werdet ihr genauso zugrunde gehen«, hat Jesus gesagt. Der Satz trifft mich als düstere Drohung. Wie soll ich das denn machen: umkehren? Ich sehe meine Verwicklung in die Schuld der Überlebenden, ich sehe manchmal auch etwas von der Wahrheit der Opfer, aber Jesu Forderung der Umkehr ist erdrückend.

Das erste Feigenbaumgleichnis, das ich bedenken will, schließt an Jesu rigorose Umkehrforderung an. Es spricht von der Geduld Gottes.

Die Geduld Gottes

»(Jesus) sagte aber dieses Gleichnis: Ein Mensch hatte einen Feigenbaum in seinem Weinberg gepflanzt, und er kam und suchte Frucht an ihm und fand sie nicht. Da sagte er zu dem Weinbergarbeiter: Sieh, drei Jahre ist es, seit ich komme und suche Frucht an diesem Feigenbaum und finde sie nicht. Schlage ihn ab, warum nimmt er der Erde die Kraft? Der aber antwortete ihm: Laß ihn auch noch dieses Jahr, bis ich um ihn herum grabe und Dünger werfe. Vielleicht bringt er in Zukunft doch noch Frucht. Wenn aber nicht, dann schlag' ihn ab.« Drei Jahre kam er vergeblich. Drei Jahre hat der Baum nicht getragen. Der Feigenbaum und der Weinstock sind die Bäume des Landes, die Bäume Israels. Von den Bäumen lebten die Menschen. Einen unfruchtbaren Baum konnten sie sich nicht leisten. Er mußte gefällt werden, denn das fruchtbare Land war knapp. Hungrige Menschen können sich die Romantik, auch einen unfruchtbaren Baum schön zu finden, nicht erlauben. Die Bibel ist voll von Bildern aus dieser Welt der Armut, die Bäume und Felder nur aus der Sicht der Hungernden betrachten kann. Der Feigenbaum ist ein altes Symbol des Volkes Israel in seiner Beziehung zu Gott. Ein fruchtbarer Baum ist das Volk, das nach

Gottes Willen lebt. Seine Wurzeln reichen ans Wasser und er hängt voller Früchte. Ein unfruchtbarer Baum ist das Volk, das Unrecht in seiner Mitte duldet. Seine Wurzeln wachsen in salziger Erde, er gedeiht nicht und bringt keine Frucht. Gott kommt drei Jahre lang und sucht nach der Frucht, er sucht nach der Umkehr, er sucht nach der Gerechtigkeit im Volk.

Gott ist drei Jahre lang und 30 Jahre und immer wieder gekommen und hat darauf gewartet, daß wir Deutschen endlich die Konsequenzen aus den Erfahrungen unserer Mütter und Väter ziehen. Wir haben im Dritten Reich KommunistInnen und JüdInnen zu den Sündenböcken gemacht, deren Ermordung ablenken sollte von der wahren Schuld am Krieg, der deutschen Schuld. Gott ist immer wieder gekommen und hat nach der Frucht der Umkehr gesucht, die heißt: heute nicht wieder Sündenböcke suchen, die von der Schuld der Schuldigen ablenken: Die Türken nehmen uns die Arbeitsplätze, die Aussiedler nehmen den verarmten Deutschen in unserer Zweidrittelgesellschaft die knappen Mietwohnungen. Wir suchen Sündenböcke, die von den wahren Schuldigen ablenken. Gott ist drei Jahre und immer wieder gekommen und hat nach Frucht gesucht, aber er hat keine gefunden. Statt dessen hat sich in den letzten drei Jahren die Situation verschärft. Der Deckel war nicht mehr auf dem Topf zu halten. Es gibt bei uns rechtsradikale Gruppen, die sich vom starken Mann und gewalttätigen Aktionen etwas versprechen. Und es gibt auch gewalttätige Aktionen von Linken. Ich habe Schwierigkeiten, beide Gruppen auseinanderzuhalten, weil ich beide Gruppen eher als Opfer denn als Täter sehe (sehr viele aktive TäterInnen scheint es in diesen Gruppen nicht zu geben). Als Täter sehe ich diejenigen an, die unter Berufung auf diese Gruppen eine zunehmend nationalistische Politik durchsetzen. Das gewalttätige Elend dieser Menschen hat Ursachen. Es fehlen Arbeitsplätze für schlecht Ausgebildete, es fehlt Ausbildung für Benachteiligte, es fehlen Wohnungen für Arbeitslose und Schlechtverdienende. Wer bei uns nicht tüchtig, gut gefördert von Kind an und aus einigermaßen wohlhabender Familie ist, hat große Aussichten, ins Abseits der Zweidrittelgesellschaft zu fallen. Als der Deckel im Frühjahr 1989 nicht mehr auf dem Topf zu halten war – vor der hessischen Kommunalwahl –, da ist etwas passiert, was leider ein Lehrstück für die Zukunft ist. Es handelt vordergründig von der CDU, in Wahrheit aber von allen, die nicht zu dem einen verarmten Drittel, sondern zu den zwei Dritteln derer gehören, die sich in diesem harten Konkurrenzkampf haben behaupten können. Es erschien in der letzten Phase vor der hessischen Kommunalwahl eine Wahlannonce der CDU gegen den sogenannten Mißbrauch des Asylrechts. Da hieß es z. B. »Scheinasylanten stoppen. Durch Scheinasylanten droht unser Land zum Einwanderungsland zu werden« (HNA 11. 2. 1989). Menschen, die ihre Heimat verlassen, weil sie keine Chance für sich mehr sehen, weil das Land wirtschaftlich ausgeblutet ist, weil es eine mörderische Regierung hat, werden Scheinasylanten genannt. Die Sündenbockfunktion ist in der Rede über Scheinasylanten mit Händen zu greifen. Die Ressentiments der Opfer unserer Brutalität im eigenen Land werden aufgegriffen und zum Ressentiment der braven und wohlhabenden Bürger erhoben. Nun sollen wir wissen, wer die Schuldigen sind: die Scheinasylanten. Ressentiments werden salonfähig gemacht. Der deutsche Nationalsozialismus, der schon überwunden geglaubt war, feiert seine Wiederkehr. Ein sauberes, rein deutsches Land, auf das junge Männer bei paramilitärischem Marschschritt stolze Manneslieder singen können, wird wieder zum Ideal erhoben.

Drei Jahre ist Gott gekommen und hat nach der Frucht unserer Umkehr gesucht, hat nach den Konsequenzen aus Auschwitz gesucht. Das Gleichnis vom Feigenbaum erzählt, daß Gottes Geduld Grenzen hat. Es hat ihm nach drei Jahren gereicht. *»Schlage den Baum ab, warum nimmt er der Erde die Kraft?«* Gottes Geduld hat Grenzen. Das wollen wir ChristInnen manchmal nicht wahrhaben. Früher haben ChristInnen gesagt: der zornige Gott ist typisch für das Judentum, der Gott der Rache ist der Gott des Alten Testaments. Der Gott Jesu ist der Gott der Liebe und Gnade und Barmherzigkeit, dessen

Liebe nimmer aufhört. Der Richtergott ist finster und »alttestamentarisch«: Auge um Auge, Zahn um Zahn. Der Gott Jesu heilt alle Wunden, auch die Wunden der TäterInnen.

Dabei sagen die Evangelien des Neuen Testaments immer wieder, daß auch Jesus nicht aufgehört hat, davon zu reden, daß Gott dem Unrecht Grenzen setzt. Das Klima in der Bundesrepublik ist in den letzten drei Jahren immer aufheizbarer geworden, und daran beteiligen sich auf eine schleichende Weise alle Deutschen. Einige Kirchenmenschen haben glücklicherweise der Annonce der CDU vor der hessischen Kommunalwahl widersprochen, aber es waren nicht genug. Diejenigen, die widersprochen haben, hätten mehr Unterstützung gebraucht. Es müßte deutlich sein, daß niemand, der sich dem Evangelium von Jesus nahe fühlt, bereit ist zu schweigen, wenn Flüchtlinge zu Sündenböcken, Scheinasylanten, überfremdenden Elementen und kulturellen Fremdkörpern gemacht werden. Alle ChristInnen sollten laut sagen, daß es uns als Deutschen eine selbstverständliche Verpflichtung aus unserer Geschichte und aus unserem Wohlstand ist, auch für Flüchtlinge aus der »dritten« Welt offen zu sein. Visabestimmungen dürfen nicht Fluchtmöglichkeiten verhindern. Es wäre Platz und Brot für alle da. Und so würden wir dann wohl auch lernen können, endlich unseren Wohlstand in Frage zu stellen und damit aufzuhören, mit skrupelloser Raffgier durch Waffenexporte und billige Rohstoffimporte andere Völker zu schädigen. Es ist Zeit, daß wir begreifen, daß nur eine neue Weltwirtschaftsordnung das Leiden der armen Völker und das Leiden der Flüchtlinge beenden kann. Es gibt inzwischen ein besonderes deutsches Problem, eine besondere deutsche Schuld mitten im kapitalistischen Unrechtssystem. Drei Jahre ist Gott gekommen und hat nach Frucht gesucht, da war seine Geduld an ihre Grenze gelangt. Als ich ein junges Mädchen war, nach 1945, habe ich gedacht: niemals wieder würden auf deutschem Boden Militär und Fremdenhaß, Brutalität und Feigheit regieren. Heute muß ich erkennen, daß ich in einem Wohlstand lebe, der auf unseren deutschen Untugenden basiert: auf Fleiß, der in

Wirklichkeit Raffgier ist, auf Sauberkeit, die in Wirklichkeit steriler Egoismus ist. Auch ich bin eine fleißige und saubere deutsche Frau.

Der Weinbergarbeiter hat Gott angefleht, noch ein viertes Jahr abzuwarten. Er ist dem zornigen Gott in die Arme gefallen, wie damals Abraham Gott in die Arme fiel, als Gott über Sodom zornig war (Gen 18,23ff.): »Vielleicht sind fünfzig Gerechte in der Stadt; willst du die auch wegraffen und nicht lieber dem Ort vergeben wegen der fünfzig Gerechten darin ... Und wenn es nur zwanzig oder nur zehn sind ...«. Abraham hat auf Gott eingeredet. Und Gott hat sich erweichen lassen, so wie Gott sich auch in diesem Jesusgleichnis erweichen läßt. Eigentlich ist Gottes Geduld an ihre Grenze gelangt, aber Gott ist nach der jüdischen und frühchristlichen Tradition ein eigenartiger Gott. Gott muß nicht Härte zeigen, wie angeblich bei uns der Staat Härte zeigen muß, damit er respektiert wird. Gott muß sich nicht durchsetzen, Gott muß nicht stark sein. Gott kehrt um von seinem Zorn. Vielleicht wird der Baum doch noch Frucht tragen, wenn er gepflegt wird. Der Weinbergarbeiter argumentiert vor Gott ebenso angestrengt wie damals Abraham: Wenn es nicht 50 sind, vielleicht sind es 20, vielleicht sind es zehn. Der Arbeiter im Feigenbaumgleichnis will graben und düngen. Hauptsache, Gott wartet noch. Es ist ein eigenartiger Gott. Er steht am Schluß dieser Jesusrede nachdenklich neben dem unfruchtbaren Baum und wartet. Das letzte Wort ist noch nicht gesprochen.

Trauen wir uns eigentlich, so wie die jüdischen Menschen es gelernt haben, mit Gott zu streiten, zu argumentieren, Gott von seinem Standpunkt abzubringen? Unsere christliche Tradition ist durch und durch patriarchal verseucht. Wenn wir irgend etwas mit Gott verbinden, dann die Macht von oben, die Steigerung der Macht der Könige und Kaiser, die wir zwar nicht mehr haben, aber die noch in unseren Köpfen regieren. Mein Großvater hat als Berliner Pfarrer seiner Majestät Wilhelm II. aus dem Gottesdienst in Berlin-Lichtenrade ein Loyalitätstelegramm von der versammelten Gemeinde geschickt:

Gott—Kaiser—Rittergutsbesitzer—Haushaltsvorstand/Vater im Hause, die Rangfolge war klar, es war auch klar, wie ein richtiger Mann sich zu verhalten hat. Und Gott war so eine Art Superpatriarch, ein Mann in Reinkultur. Streng und gütig – aber immer von oben nach unten. Alles hatte seine Ordnung, solange die Frauen und Kinder wie die Untertanen im Staat wußten, wo ihr Platz ist. Nun kann man sagen, die Zeiten meines Großvaters seien vorbei. Doch wo ist eigentlich bei uns das mündige demokratische Verhalten, das sich zutraut, den staatlichen Repräsentanten in den Arm zu fallen? Was haben wir doch für Probleme mit dem Widerstand. Das Wort »Widerstand« wird bei uns dauernd unmodern. Während der Mittelstreckenraketendebatte war es umstritten, weil man meinte, Widerstand sei nur legitim als Widerstand einzelner Elitemänner gegen den Tyrannen – wie damals 20. Juli 1944. Aber gegen die atomaren Raketen sei allenfalls Widerstehen oder Widersprechen angebracht. Heute ist das Wort Widerstand »out«. Sitzblockaden gelten als Omas oder Opas Widerstand, als Promispezialitäten von früher. Man muß heute darüber nachdenken, welche Formen des Widerstandes angebracht sind. Wir müssen dauernd neue Widerstandsformen erfinden. Der Widerstand der Friedensbewegung ist immer noch dringend notwendig. Die sogenannte »Modernisierung« von Atomwaffen steht uns bevor, das heißt: die USA rüsten weiter auf, nicht nur mit Kurzstreckenraketen, den deutsch-deutschen Selbstmordwaffen. Es kann kein Zweifel sein, daß Christenmenschen heute im Widerstand sein müssen und daß dieser Widerstand auch Widerstand heißen muß. Ohne den Widerstand von ChristInnen und Einsichtigen anderer Kulturen und Religionen hat unsere Erde keine Überlebenschance mehr.

Die Zeiten meines Großvaters sind zwar lange her, aber auch in der Kirche eben noch nicht vorbei. Da wird noch immer staatstragend gedacht, statt schöpfungstragend. Wer die herrschende Kirchenmachtstruktur angreift, gilt als Nestbeschmutzer oder Störenfriedin. Vor allem die Frauen sind störend, wenn sie Ansprüche auf die Macht anmelden. Denn sie könnten ja möglicherweise den staatstragenden Konsens stören und schöpfungstragend wirken wollen. Die Zeiten meines Großvaters sind in der Kirche noch nicht vorüber. Das läßt sich wie auf einem Fieberthermometer an den Reaktionen erkennen, die die kirchlichen und theologischen Institutionen zeigen, wenn es um Feministische Theologie, Machtteilhabe von Frauen oder Kritik am Staat geht. Was ist denn in den theologischen Fakultäten der Bundesrepublik anders als zu Zeiten meines Großvaters? Es sind Dressureinrichtungen zur Eintrichterung einer Theologie, die vor allem den Status quo der Machtstrukturen stützt. Glücklicherweise lassen nicht alle Betroffenen sich solche Theologie gefallen.

Der Gott Jesu ist ein eigenartiger Gott, ganz anders als der meines Großvaters. Er läßt sich erweichen, er zeigt nicht Härte, sondern Schwäche. Er geht hinter seine eigenen Vorstellungen zurück. Er läßt sich auf komplizierte und verkorkste Beziehungen ein. Eigentlich benimmt er sich so, wie sich oft eher Frauen als Männer benehmen: er wartet, wo es eigentlich nach menschlichem Ermessen schon nichts mehr zu warten und zu hoffen gibt. Dieser geduldige Gott läuft den Menschen hinterher. Jesu ganzes Leben war der Weg des geduldigen Gottes, der wirbt und sammelt und heilt und einfach nicht aufgeben will. Gott ist nicht oben geblieben im Himmel oberhalb der Kaiser und Könige, er ist ihr Opfer geworden. Jesus wurde vom Statthalter Roms gekreuzigt. Gott war auf die Erde gekommen – an ihrem tiefsten Punkt, da wo die Opfer der staatlichen und militärischen Gewalt sterben, da ist Gott, da ist er nicht wegzubringen; da wartet Gott, bis der Baum vielleicht doch noch Früchte trägt. Gott wartet darauf, daß sich in uns das Leben bewegt, daß unsere Herzen weich und wach werden, daß wir anfangen, zu blühen und Frucht zu bringen. Wenn dieser Feigenbaum voller Früchte hängen wird, dann wird die Schöpfung nicht mehr gequält schreien, weil die Babies an Krebs sterben. Dann wird die neue Schöpfung sichtbar, die auf dieser Erde verborgen ist.

Gott hat sich erweichen lassen, das letzte Wort ist noch nicht gesprochen. Aber Gottes Geduld hat Grenzen. In diesem Gleichnis bleibt der Schluß offen, aber die biblische Tradition sagt uns unüberhörbar, daß Gott sich von uns nicht zum Mittäter unseres Unrechtes machen läßt. Damals in Sodom, als Abraham ihn angefleht hat, ließ er sich wegen 50, wegen 20, ja noch wegen zehn erweichen. Aber als das Unrecht überhand nahm und nur noch Lot, seine Frau und seine beiden Töchter gerecht waren, hat Gott die Stadt untergehen lassen. Das Gleichnis läßt den Schluß offen, daran können wir uns festhalten: jetzt ist die Stunde der Umkehr, der Wandlung des unfruchtbaren Baumes in einen fruchtbaren Baum. Gott hilft uns bei der Umkehr, weil er uns vormacht, wie die Umkehr aussieht: wenn wir die Positionen der Stärke aufgeben, wenn es Schluß ist mit dem Siegenwollen, Herrschenmüssen, der Herrschaftsstruktur, die die Armen unterdrückt und die Frauen verachtet, wenn sie sich nicht anpassen. Gott hat sich erweichen lassen, jetzt noch. Er gibt uns Spielraum zur Umkehr, er kehrt selbst um, er wartet.

... dann wißt ihr, daß der Sommer nahe ist

Das zweite Feigenbaumgleichnis erzählt, wie Gottes Geschichte mit den Menschen weitergeht, wenn sie umkehren. Ihre Augen haben sich verändert, sie blicken nicht als Überlebende auf die Katastrophen der anderen. Sie blicken nüchtern auf die Katastrophen, die das ganze Volk und sie selbst bedrohen. Und sie warten sehnsüchtig voller Hoffnung, daß Gott dem Elend der Menschen ein Ende macht. Sie leiden unter Krieg und Kriegsgeschrei (Mk 13,7f.), sie fragen: »Wie lange noch, wir halten es nicht mehr aus, Gott.« Wir warten auf die neue Schöpfung. Wir sehen Krieg und Hungersnot, wir sehen Ausbeutung, die Menschen verhungern läßt. Wir sehen, wie die Schöpfung stirbt. Die Wälder haben nur noch kurze Überlebenszeit. Gott, wie lange noch?

In geheimnisvoller Sprache haben die ersten ChristInnen sich von der Zukunft Gottes erzählt, wenn das Elend ein Ende haben wird. Die menschengemachte Zerstörung wird noch zur kosmischen Katastrophe werden: »Die Sonne wird sich verfinstern und der Mond wird nicht scheinen. Und die Sterne werden vom Himmel fallen« (Mk 13,24f.). Alte mythologische Bilder einer kosmischen Katastrophe, die ich doch verstehe, als kämen sie eben aus meinem verängstigten Herzen. Die Sterne werden vom Himmel fallen ... Werden wir Menschen auch das noch schaffen? Die Katastrophensprache der alten Apokalyptik zeigt uns, wie nahe wir den Katastrophen sind, weil wir sie ohne Übersetzung verstehen. Aber Gott setzt der Unrechtsgeschichte eine Grenze, seine Geduld hat Grenzen und er macht nach der Welt des Schreckens einen Neuanfang mit den Menschen. In geheimnisvollen Worten wird der Neuanfang beschrieben: »Und dann werden sie den Menschensohn in Wolken kommen sehen mit großer Kraft und Herrlichkeit. Und dann wird er ... seine Auserwählten einsammeln aus den vier Winden vom Ende der Erde bis zum Ende des Himmels« (Mk 13,26f.). Ein mythologisches Bild vom endzeitlichen Heil, von der Arbeit des Menschensohnes, der das zerstreute Volk wieder einsammelt, daß es endlich in Frieden leben kann, ein jeglicher unter seinem Feigenbaum und seinem Weinstock. Immer wieder hat sich das jüdische Volk in seiner langen Leidensgeschichte erzählt, wie es sein wird. Wie es sein wird, wenn endlich Gott kommt und das Volk heimholt. Endlich werden wir zu Hause sein. Gott wird seine Töchter heimholen von den Enden der Erde (Jes 43,8). Mit aller Kraft haben sich die Menschen nach vorne ausgestreckt in die Zukunft Gottes. Es sind wunderbare, tröstliche Bilder von der neuen Schöpfung, von der Heimat bei Gott, in der alles Elend ein Ende hat: »Siehe die Wohnung Gottes bei den Menschen. ... Und er wird abwischen alle Tränen aus ihren Augen, und der Tod wird nicht mehr sein und keine Trauer, kein Geschrei und kein Leiden, denn das Erste ist vergangen« (Offb 21,3f), die Zerstörung der Schöpfung hat ein Ende. Alle Völker werden in Gerechtigkeit im Hause Gottes wohnen. Mit flüsternden Stimmen noch in den Verstecken, wenn die Schergen des Pilatus oder Hitlers kamen, haben jüdische und christliche Menschen von der Heimat in der Zukunft Gottes gesprochen, die ihnen niemand wegnehmen kann; aber sie haben gewartet, und ich warte auch, denn mir reicht es. Ich höre von Katastrophen und Krieg und Kriegsgeschrei. Ich sehe die Gefahr, die jedem Kind droht. Ich habe es so satt. Wann endlich, Gott, erbarmst Du Dich über uns brutale und hilflose Menschheit, die noch mit der letzten Kraft die Armen ausbeutet, wann endlich, Gott, erbarmst Du Dich über die Opfer unserer Zerstörungswut und Profitgier? Wir haben doch unsere Heimat in deiner Zukunft, die uns niemand wegnehmen kann.

Das zweite Feigenbaumgleichnis spricht zu uns, die voller Sehnsucht und Verzweiflung warten, daß Gott dem Elend ein Ende macht. Es spricht zu allen, die sich nach vorne strecken, Gottes Zukunft entgegen. Jesus hat gesagt: »Vom Feigenbaum lernt das Gleichnis. Wenn sein Zweig schon saftig wird und die Blätter heraustreiben, dann wißt ihr, daß der Sommer nahe ist. So auch ihr, wenn ihr seht, daß das geschieht – (wenn ihr die Zeichen des Endes seht) –, dann wißt ihr, daß (der Menschensohn) vor der Tür ist.« Jetzt ist die Zeit unseres Leidens, aber es ist auch die Zeit des Frühlings. Jetzt sehen wir die sterbenden Wälder, aber wir sehen auch die Anzeichen der Zukunft Gottes. Meine theologischen Lehrer brachten mir bei, in den Gleichnissen Jesu dürfe man die Bildseite mit der Sache nicht vermischen, müsse beides sauber trennen. Ich sehe das heute anders. Die Welt der Pflanzen und Bäume ist für Jesus ja auch eine Welt, in der Gott handelt. Er sieht dort nicht biologische Gesetze am Werk, sondern die Hände Gottes. Darum ist das Bild dieses Gleichnisses so bewegend. Jesus und seine Anhängerinnen und Anhänger sehen einen Feigenbaum im April. Ihr Herz lachte beim Anblick der grauen Zweige, deren Rinde vom steigenden Saft glänzte und dessen Knospen zu Blättern wurden. Sie sahen schon die reiche Frucht des Sommers. Und sie sahen ihr Leiden, ihr Entsetzen über Krieg und Kriegsgeschrei mit Nüchternheit, Sehnsucht und Hoffnung. Das Elend wird ein Ende haben. Die Zweige des Feigenbaums im April sind Anzeichen des Sommers Gottes – wenn endlich Gott seine Töchter und Söhne einsammelt und sie in ihre Heimat holt.

Schon damals haben die Außenstehenden gesagt, warum wartet ihr so sehnsüchtig und so voller Gewißheit und Ruhe auf das Reich Gottes. Könnt ihr bitte sagen, wann es genau kommt? Darauf haben die Menschen in der Jesusnachfolge so geantwortet, wie es in den an das Gleichnis angehängten Sprüchen steht: Jesus hat gesagt, »wahrlich, ich sage euch, diese Generation wird nicht vergehen, bis dieses alles geschieht – das Reich Gottes kommt«. Damit war gemeint, daß noch zu Lebzeiten der gegenwärtigen Generation das gute Ende des Elends da sein wird, die neue Schöpfung. Ich weiß, daß das Reich Gottes nicht in einer Generation gekommen ist, bald 2000 Jahre warten diejenigen, die Jesus glauben, schon. Aber sie warten und wissen genau, daß der Weltenlauf nicht gefühllos immer so weiter geht. Gott wird ein Ende des Elends setzen. Der nächste Jesusspruch beschwört die Gewißheit: »Himmel und Erde werden vergehen, aber meine Worte werden nicht vergehen.« Wir können uns an diesen Worten festhalten und können uns an den Anzeichen der Nähe Gottes festhalten. Wir wissen nicht, wann Gott eingreift, aber wir leben davon, daß Gott die Welt nicht sich selbst überläßt, nicht ihrer Raffgier und Ungerechtigkeit die Zukunft überläßt. Unsere Zukunft heißt Gott, und wir riechen schon den nahen Sommer. Wenn wir mitten in dieser zerstörten Welt die vollkommenen Blätter eines Feigenbaumes – oder bei uns besser einer Birke – anschauen, dann wissen wir, daß Gottes Zukunft nahe ist: Siehe die Wohnung Gottes bei den Menchen ... Und er wird abwischen alle Tränen aus (euren) Augen, und der Tod wird nicht mehr sein und keine Trauer, kein Geschrei und kein Leiden, denn das (Alte) ist vergangen.

Zeitansage: Die Stunde der Umkehr

Jetzt ist die Stunde der Umkehr.
Es ist nicht die Stunde des Zornes Gottes,
Doch Gottes Geduld hat Grenzen.

Jetzt ist die Stunde der Umkehr.
Die Birken in unseren Straßen haben zarte Blätter.
Ich weiß, daß der Sommer nahe ist.
Gott, du bist nahe, du wirst das Leiden beenden.

Jetzt ist die Stunde der Umkehr.
Die Profitgier der Menschen kennt keine Scham.
Flüchtlinge irren von Land zu Land.
Es gibt keine Heimat mehr für sie in der Welt der Gewalt.

Jetzt ist die Stunde der Umkehr.
Gott wird bei den Menschen wohnen.
Jetzt schon beginnen wir, eine Heimat zu bauen,
In der die wohnen, die keine Heimat haben.

Jetzt ist die Stunde der Umkehr.
Wir riechen den Sommer Gottes.
Uns erfüllt Kraft und Geduld,
Der lange Atem Gottes.

DOROTHEE SÖLLE

Die revolutionäre Geduld eines Gärtners
LUKAS 13,6–9; MARKUS 13,28–33

Unsere Zeit in unsern Händen?

Unsere Zeit, so sagt uns die Tradition, soll in Gottes Händen stehen. Ein Schüler einer 10. Klasse in Berlin hat dazu folgenden Kommentar abgegeben:
1. Unsere Zeit in unsern Händen!
2. Gottes Zeit in seinen Händen!
3. Meine Zeit in meinen Händen!

Als Kommentar zu diesen markigen Sätzen fügt der Junge hinzu: »Gerechte Verteilung, jeder verfügt über seine Zeit!« Als ich das las, wußte ich nicht, ob ich lachen oder weinen sollte. Ich freue mich über jeden Versuch, sich kirchlicher Vereinnahmung zu entziehen: »Soll doch Gott sehen, was er mit seiner Zeit anfängt, ich jedenfalls will meine haben, in der will ich tun, was ich will. Meine Selbstverwirklichung gehört in meine Hände!« Aber zugleich habe ich natürlich Angst um diesen forschen jungen Mann, es wird ja nicht lange dauern, bis seine Illusionen zusammenbrechen, spätestens wenn er keinen Ausbildungsplatz findet für seinen Wunschberuf oder wenn er arbeitslos wird, wird er erfahren, daß seine Zeit von ganz anderen mächtigen Herren kontrolliert wird. Dann wird es mit der Forschheit des technokratischen Bewußtseins ein Ende nehmen, und dann kommt vielleicht die Angst der Apokalyptiker über ihn, und seine fröhliche Unabhängigkeit wird bittere Abhängigkeit und angepaßte Verdrossenheit.

Ich möchte einen Weg suchen zwischen Forschheit und Angst, zwischen Technokratie und Apokalypse, und ich will darauf bauen, daß meine Zeit nicht nur mir gehört und weder in meinen Händen noch in denen meiner Feinde liegt. Damit habe ich ein unliebsames Stichwort gegeben, das die friedlich-

fromme Losung von »unserer Zeit in Gottes Händen« stört, aber doch dringend gebraucht wird, jedenfalls solange wir uns auf die Bibel beziehen. »Feind« heißt das schreckliche Wort, das wir lieber draußen vor ließen und das doch den 31. Psalm mitbestimmt. In diesem Psalm spricht nicht eine einzelne zu ihrem Gott, sondern es wird eine Dreieckssituation angenommen: die oder der Betende – die Feinde – Gott. Gefangen im Netz der Feinde, bedroht und verängstigt von denen, die ihr nach dem Leben trachten, klagt die Seele und ruft Gott an:
Sie ratschlagen mir das Leben zu nehmen.
Ich aber, bei dir sichere ich mich, DU.
Ich spreche: Du bist mein Gott.
In deiner Hand sind meine Fristen,
rette mich vor der Hand meiner Feinde! (Psalm 31,14–16)

Diese Dreieckssituation müssen wir als realitätsgerecht annehmen, und das heißt auch, daß wir uns von der bürgerlichen Erschleichung des Christentums verabschieden. Im bürgerlichen Christentum hat man mit *Feinden* nichts zu tun. Man hält sie für eine längst abgetane, eben »alttestamentarische« oder »jüdische« Erfindung und wiegt sich gern in der Einbildung, es sei leicht die Feinde zu lieben – als liebten wir sie, wenn wir behaupten, keine zu haben! Die Bibel erzieht uns in einen anderen Realismus hinein; das Leben *ist* bedroht, Bäume und Robben haben Feinde, und schwarze Kinder in Südafrika wissen nur zu gut, in wessen Händen ihre Zeit noch immer liegt.

Eine unserer Hauptschwierigkeiten innerhalb der reichen Welt besteht darin, daß wir uns alle einbilden, unsere Zeit gehöre uns, wir besäßen sie, so wie wir die Erde und alle ihre Schätze, den Mond und die Sterne, zu besitzen glauben. »Unsere Zeit in unsern Händen!« ist ein technokratischer und ein patriarchaler Satz, der auf das Gewebe des Lebens keine Rücksicht nimmt. Unter *patriarchal* verstehe ich die vor allem von Männern getragene Lebensordnung, die Macht als den höchsten Wert ansieht. Dem widerspricht die Bibel. Sie denkt die Macht des Lebens nicht als unbezogene, selbstherrliche, unteilbare Verfügungsgewalt über andere. Gott gibt die Macht in unsere Hände, gute Macht zu heilen, zu pflegen, zu speisen und lebendig zu machen und böse Macht, einander das Leben zu verweigern und zu zerstören. Die Bibel denkt auch die Zeit nicht wie die Technokraten als eine neutrale Gegebenheit, aus der man sich bedienen kann, sondern als erfüllte oder heillose Zeit. Es geht in der Bibel nicht um quantifizierbare Zeit, alle Zeit ist qualitativ gefüllt.

Noch dieses Jahr

Ich will auf das Gleichnis vom Feigenbaum aus dem Lukasevangelium eingehen. Der Zusammenhang, in den Lukas es stellt, ist das Thema der Umkehr des Volkes Gottes von seinem falschen Weg. Jesus reagiert auf den Bericht von der Ermordung einer Gruppe von Galiläern durch den römischen Statthalter Pontius Pilatus. Fromme Juden hatten im Tempel zu Jerusalem Opfer bringen wollen und waren selber Opfer der Gewaltpolitik des Imperiums geworden, das auch in Friedenszeiten paramilitärische Aktionen nötig hatte, um die Befreiungsbewegungen zu unterdrücken. »Es kamen aber einige und berichteten ihm über die Galiläer, deren Blut Pilatus mit dem Blut ihrer Opfer gemischt hatte« (Lukas 13,1). Jesus fragt die, die ihm das Ereignis berichten, unmittelbar danach, wie sie selber mit Katastrophenmeldungen umgehen. »Meint ihr, daß diese Opfer sündiger waren als das ganze Volk?« fragt er. »Meint ihr, daß sie schuldiger waren als alle Menschen, die in Jerusalem wohnen?« (Lukas 13,2 u. 4b). Die Perspektive Jesu ist niemals die eines Zuschauers. So fragt er auch uns: Sind die Opfer der Katastrophen, die wir täglich im Fernsehen beobachten, denn ganz andere Menschen als wir? Sind sie es selber schuld? Sind die Menschen unter uns, die von Krebs, Leukämie, Arbeitslosigkeit, Verkehrsunfällen oder Behinderung getroffen werden, besonders schuldig, haben sie etwas falsch gemacht? Nein, sagt Jesus, ihr lebt alle falsch. »Wenn ihr nicht umkehrt, werdet ihr alle genauso zugrunde gehen.« Nicht, wie wir gern denken »alles ist Zufall«, sondern nichts ist Zufall. Wir hätten es alle verdient: den Krebs, den unsere Industrie produziert, den Feuerball von Ramstein, den unsere unbeirrbare Liebe zum Militär herbeilockt, die Arbeitslosigkeit, die unser Wirtschaftssystem nötig hat, um zu funktionieren. Wir sind froh, daß es uns nicht getroffen hat und bilden uns zugleich ein, es könnte uns nicht treffen. Ohnmächtig und erleichtert zugleich, so sitzen wir vor dem Fernseher, wir werden freundlich als ›Fernsehzuschauerinnen‹ begrüßt, als sei das unsere Haupteigenschaft. Dieser Zuschauerstandpunkt der Mehrheit ist aber vielleicht eine der Hauptursachen für die Katastrophen, von denen wir herkommen und in die wir gehen. Jesus, was immer wir auch sonst über ihn denken mögen, hilft uns dabei, diese erleichterte Ohnmacht, dieses zynische Lächeln loszuwerden.

Er sagte ihnen aber dieses Gleichnis:
Einen Feigenbaum hatte einer,
der war gepflanzt in seinem Weinberg;
und er kam und suchte Frucht darauf
und fand sie nicht.
Da sprach er zu dem Weingärtner:
»Siehe, ich bin nun drei Jahre lang
alle Jahre gekommen
und habe Frucht gesucht auf diesem Feigenbaum
und finde sie nicht.
So hau ihn ab! Was nimmt er dem Boden die Kraft?«
Der Weingärtner antwortete und sprach zu ihm:
»Herr, laß ihn noch dieses Jahr,
bis ich um ihn grabe und ihn dünge.
Vielleicht bringt er doch noch Frucht;
so magst du ihn abhauen.« (Lukas 13,6–9)

Das Gleichnis handelt von Gottes Geduld, und die beste Überschrift scheint mir »Noch dieses Jahr« zu sein. Im Mittelpunkt steht ein Feigenbaum, der drei Jahre lang nicht getragen hat. Feigenbaum und Weinstock sind die Bäume des Landes

Israel, ihre Früchte ernähren die Menschen. Seit drei Jahren könnte der Baum tragen, zwei Ernten pro Jahr; statt dessen nimmt er den Weinstöcken die Kraft weg. Fruchtbares Land war knapp, den Luxus eines unfruchtbaren Baumes konnte sich niemand leisten. Jeder Landeigentümer hätte gehandelt wie der hier beschriebene. Er hat drei Jahre Geduld bewiesen, aber nun ist die Zeit des Zuwartens vorbei.

Der Baum ist ein in vielen Kulturen verbreitetes Bild für den Menschen, der gute Baum wächst, blüht und bringt Frucht. In der gesamten biblischen Tradition ist der Baum ein Bild für Heil und Wohlergehen. Nach dem ersten Psalm ist der gerechte Mensch *»wie ein Baum, gepflanzt an den Wasserbächen, der seine Frucht bringt zu seiner Zeit, und seine Blätter verwelken nicht; und was er macht, das gerät wohl«* (Psalm 1,3). Ein Volk, das nach dem Willen Gottes lebt, ist ein fruchtbarer Baum. In einem Lied aus der amerikanischen Arbeiter- und Widerstandsbewegung heißt es: »Wir bleiben dabei. Wie der Baum, der seine Wurzeln am Wasser hat.«

> We shall not be moved
> like the tree that's planted by the waters
> we shall not be moved.

Dieses Lied haben Millionen gesungen während des Vietnamkriegs, vor den Atomfabriken, innerhalb der schwarzen Bürgerrechtsbewegung, vor dem Pentagon, gegen den Krieg in Zentralamerika. »Sag dem Pentagon, daß wir fest bleiben. Wie der Baum, gepflanzt an den Wasserbächen...«. Ein Lied von dem verwurzelten Baum, der ohne Gerechtigkeit verdorrt. Ein unfruchtbarer Baum ist ein Volk, das Unrecht in seiner Mitte duldet. Er gedeiht nicht, er trägt keine Früchte.

Gott kommt und sucht nach den Früchten. Er kommt drei Jahre lang immer wieder und fragt nach der Gerechtigkeit in unserer Mitte. Wie wird Frauenarbeit bei euch bewertet? Wie behandelt ihr die Ausländer? Wie hoch liegen die Zahlen der Arbeitslosen? Was bekommen die Sozialhilfeempfänger? Welche Möglichkeiten haben die Behinderten? Wir müssen uns abgewöhnen, diese Fragen als Wirtschaftsfragen für Spezialisten einzuordnen, es sind Gottes Fragen an uns. Wir, das Volk Gottes in Deutschland-West und in West-Berlin, sind der Feigenbaum ohne Frucht. Viele empfinden, daß wir reif sind für eine größere Katastrophe von den vielen selbstgemachten, die wir gestapelt haben. »Hau ihn ab! Was ruiniert er das Land!« sagte Gott zu dem Gärtner.

Eine Kultur der Apartheid

Seit Beginn der achtziger Jahre gibt es innerhalb Europas eine »neue Armut« als Folge der neuen Technologien und des sehr alten Kapitalismus. Die Computer, Roboter und mikroelektronischen Apparate sorgen dafür, daß weniger Menschen mehr produzieren. Für sie steigen auch die Löhne und Privilegien. Von ihnen wird viel verlangt, und sie leisten viel. Außerdem stellen sie die Mehrheit dar, ungefähr zwei Drittel der Bevölkerung. Sie besitzen hochqualifizierte, unbefristete, gut entlohnte und sozial abgesicherte Arbeitsplätze. Das Bild eines reichen und zufriedenen Landes ist auch das offizielle Bild, das die Bundesrepublik an Festtagen zur Schau trägt. Die Spaltung der Arbeitswelt in die, die man sieht, und in die, die möglichst unsichtbar gemacht werden, schreitet immer schneller voran.

Ich nenne die Kultur, in der wir uns bewegen, eine Kultur der *Apartheid*, weil ich nicht mehr glaube, daß Apartheid die Spezialität von südafrikanischen Rassisten ist. Ich hatte vor Jahren ein Schlüsselerlebnis, als ich etwa eine Stunde lang mit zwei jungen weißen Südafrikanern verbrachte. Ich fragte sie nach ihrem Land, ich wollte von ihnen wissen, wie die Wohnverhältnisse in Soweto seien, wieviel Häuser Wasser hätten, wie es mit den Verkehrsmitteln klappte. Sie konnten nicht eine dieser Fragen beantworten, obwohl sie sich liebenswürdig und wohlgesonnen gaben. Sie wußten alles über die Golfplätze und die schönen Strände in ihrem Land. Damals begriff ich, daß Apartheid nicht nur ein Wirtschafts- und Rechtssystem ist, sondern daß sie auch eine bestimmte Art der Kulturtrennung, des Wissens und des Fühlens braucht. Es gibt eine spirituelle Apartheid, und sie wächst auch bei uns. Und so wie die schwarzen Menschen apart, abgesondert, unbekannt, nichtstörend bleiben sollen, so soll es auch hier sein mit allen, die aus dem Arbeitsleben herausgedrängt werden, den älteren Arbeitnehmern, den Frauen, die wieder ins bezahlte Arbeitsleben zurückwollen, allen, die nur eingeschränkt verwendbar sind. Die Gesellschaft, auf die wir zugehen, grenzt ein Drittel der Bevölkerung aus; sie sollen nicht mehr dazugehören, was Lebensstandard und Arbeitsmöglichkeit, Teilhabe und Mitbestimmung in Kultur und Politik angeht. Sie werden nicht gebraucht, und genau das bescheinigt ihnen die Gesellschaft. Sie produzieren nicht schnell genug, sie konsumieren nicht anspruchsvoll genug, und nicht einmal als Stimmvieh für Wahlen sind sie noch notwendig, wie man sehr deutlich in Margret Thatchers England ablesen kann. Die Gesamtgesellschaft bescheinigt ihnen täglich, daß sie überflüssig sind. Die Kultur der Apartheid fördert die Armut in den reichsten Ländern der Geschichte, und zwar eine Armut, die zerstörerisch und entwürdigend wirkt. Sie stört das Selbstwertgefühl, sie demütigt im Umgang mit der Bürokratie, sie verdummt, indem die Teilnahme an der öffentlichen Auseinandersetzung eingeschränkt wird. »Ich kann mir keine Zeitung leisten«, sagte mir eine Frau, die von Sozialhilfe lebt. Die soziale Ungerechtigkeit verstärkt in den Armen das Gefühl, rechtlos zu sein, nicht dazuzugehören. Ich erinnere mich an eine Elternversammlung in der ersten Klasse der »höheren« Schule. Die Lehrerin sagte freundlich: »Wenn irgend etwas ist, können Sie mich ja anrufen. Vielleicht sollten wir alle unsere Telefonnummern austauschen.« Ich dachte mir nichts dabei, aber neben mir saß eine verschüchterte Mutter und fragte: »Muß man denn ein Telefon haben?« Sie war verunsichert von der ihr fremden Geläufigkeit und Mobilität, sie hatte Angst, etwas falsch zu machen und sprach, wenn überhaupt, nur zu mir. Nach einem halben Jahr hatte ihr Kind die Schule verlassen.

Zeitansage I

Noch trägt unser Baum keine Früchte
noch schieben wir Heimatlose ab
Arbeiterinnen lassen wir nicht arbeiten
Noch liefern wir den Folterern
was immer sie brauchen können
und schnüren den Ärmsten die Kehle zu
daß auch ihr Schrei uns nicht stört

Noch wartet Gott vergeblich
noch liegt unsere Zeit in den Händen der Mächtigen
sie leiten Gift in die Flüsse
Amüsantes in unsern Bildschirm
Schwermetalle in unser Essen
und Angst in unser Herz

Noch schreien wir nicht laut genug
Wie lange noch, Gott?
Wie lange willst du dir das noch ansehn
ohne ihn umzuhaun deinen Feigenbaum
Noch haben wir nicht gelernt umzukehren
noch weinen wir selten.

Noch.

Eine Kultur des Mitleidens

Die Kultur der Apartheid räumt die Unbrauchbaren aus dem Blick. Sie stören das Stadtbild, sie passen nicht in die postmoderne Kultur. Vergessen scheint die Kultur des Mitleidens und des Teilens, in der die Letzten die Ersten sein werden und der Maßstab des Lebens nicht Leistung und Erfolg sind. Aus dieser Kraft des Mitleidens spricht ein Gedicht von Bertold Brecht, das von einem Pflaumenbaum handelt:

Im Hofe steht ein Pflaumenbaum.
Der ist klein, man glaubt es kaum.
Er hat ein Gitter drum.
So tritt ihn keiner um.

Der kleine kann nicht größer wer'n.
Ja größer wer'n, das möcht er gern.
's ist keine Red davon.
Er hat zu wenig Sonn.

Den Pflaumenbaum glaubt man ihm kaum.
Weil er nie eine Pflaume hat.
Doch er ist ein Pflaumenbaum.
Man kennt es an dem Blatt.

Brecht hat immer wieder gezeigt, daß die Unfruchtbaren, die Kleinen, Häßlichen, Verkrüppelten nicht nur an sich gesehen, aus sich selbst heraus verstanden werden können. Wir sagen gern »die sind eben so« und meinen Ausländer, Behinderte, Schwierige. Das Mitleid sagt nicht, daß sie so sind, sondern daß ihnen etwas fehlt. Sie konnten nicht wachsen, weil keine Sonne da war, weil sie keinen Raum, vielleicht auch Wohnraum hatten, zu wachsen, sich zu entfalten. Viele Frauen bleiben ihr Leben lang kleiner, als sie eigentlich sind, sie haben früh aufgehört zu wachsen und sich zu entwickeln. Der Pflaumenbaum im Hinterhof ist ein Bild für einen Menschen, dem man das Menschsein kaum glauben kann. Und doch behauptet Brecht, trotzig und sanft zugleich, daß er ein Pflaumenbaum sei. Niemand ist nur das, was wir jetzt von ihr oder ihm sehen. Mitleid hat nichts mit Sentimentalität zu tun, es kann so trocken daherkommen wie die kurzen Sätze von Brechts Gedicht. Es nimmt aber jedes erbärmliche Lebewesen an als noch anders gemeint als das, was wir jetzt sehen. Es traut ihm, in der Sprache der Bibel geredet, die Umkehr zu. Auch das kümmerliche, schutzbedürftige Bäumchen könnte wachsen. Hinter den trockenen Statements des Gedichts leuchten alle diese ›könnte, wäre, müßte doch‹ auf. Noch darf es nicht wachsen, aber Brechts Gedicht ist ebenso unfertig und nach vorn offen wie Jesu Gleichnis vom Feigenbaum.

Noch sind wir der Feigenbaum ohne Frucht. Schon lange sucht Gott nach Früchten der Umkehr in unserem Land. Das Gleichnis vom Feigenbaum lehrt, daß Gottes Geduld lang ist, aber nicht ewig. »Noch dieses Jahr« haben wir Zeit, die Umkehr zu tun. Im Gleichnis erscheint ein Gärtner, der sich dem Plan des Besitzers nicht fügen will. Eine andere Berliner Schülergruppe schrieb zu diesem Teil des Gleichnisses eine Meldung. Sie lautet: »Oslo. Als Favorit für den diesjährigen Friedensnobelpreis gilt ein Gärtner, der sich nicht davon abbringen ließ, dem Befehl seines Chefs Widerstand zu leisten.« Um die jungen Leute, die das geschrieben haben, habe ich gar keine Angst. Sie haben unsere Geschichte viel besser verstanden als viele andere Ausleger. Zwischen der Technokratie der Alleskönner, Allesmacher und Wegseher und der Apokalypse der Zyniker haben sie einen anderen Weg gefunden. Sie haben den Gärtner entdeckt, den Arbeiter im Weinberg Gottes, der den Besitzer um ein viertes Jahr bittet. Er verlängert Gottes Geduld. Er handelt und glaubt, daß der Feigenbaum noch Früchte tragen wird. Er gräbt um und düngt, er ist besorgt und nachdenklich, er gehorcht nicht, sondern verhandelt mit Gott, ganz ähnlich wie Abraham in der Geschichte von Sodom und Gomorrha. Gott wollte Sodom vernichten, weil er dort nur Ungerechtigkeit sah und keine Frucht. Abraham wies ihn auf die fünfzig, auf die zwanzig, auf die zehn Gerechten hin und bat um Aufschub.

Wer ist dieser wunderbare Gärtner? Ist es Jesus selber, die Liebe Gottes, die über den Zorn Gottes siegt? Ich denke eher, es ist ein Zeichen für die Beziehung zwischen Gott und uns, die nicht einfach patriarchal, im Schema Macht–Ohnmacht, Befehl–Ausführung, oben–unten gedacht werden kann. Gott bleibt nicht machtbesessen und stur bei dem, was er sich vorgenommen hat. Er geht den Menschen nach. Lieben bedeutet, daß wir auf jedes Zeichen der Veränderung, auf jede neue Knospe am Baum des Lebens warten. Gott hört auf die Gärtnerinnen und Gärtner, wo immer sie die revolutionäre Geduld des Grabens und Pflügens, des Abschneidens der wilden Triebe und des Bewässerns der vertrockneten Wurzeln üben. Wer ist also der wunderbare Gärtner?

Die revolutionäre Geduld

Ich glaube, wir alle, alle Arbeiterinnen und Arbeiter in Gottes Weinberg, sind Gärtnerinnen und Gärtner. Wenn wir den lebendigen Christus richtig verstehen, nämlich als Wirklichkeit Gottes in uns, als den Leib Christi, zu dem wir gehören, dann können wir auch sagen: In Christus sind wir alle Gärtnerinnen. Wir bitten Gott um Geduld und lernen dabei selber, geduldig und nicht zynisch zu sein. Geduld, Hypomoné, bedeutet im Neuen Testament soviel wie Darunterbleiben, das Standhalten des Glaubens angesichts der Lebensbedrohung durch die Gewalt des Imperiums. Die Situation der ersten Christen war objektiv die brutaler Unterdrückung, subjektiv die der Angst. In dieser »Drangsal« wurde die Geduld auch als eine »Frucht des Geistes« (Gal 5,22) bezeichnet, und ich denke, daß wir heute etwas von diesem Baum brauchen. Der christliche Weg führt weg von apokalyptischen Ängsten, zu denen wir Grund genug haben, die uns aber blind machen für das unsichtbare Leben des Geistes, von dem die Bibel spricht. So bitter das

Gedicht Brechts über den Pflaumenbaum klingt, so enthält es doch eine verborgene vertrackte Hoffnung. Sie steckt in dem, der sieht, daß der Pflaumenbaum wachsen und blühen will. Der Schreiber dieses Gedichts findet sich nicht ab, und so sollen wir uns auch nicht mit dem unfruchtbaren Baum, der wir als Volk der Ungerechtigkeit und des technologischen Machtwahns sind, abfinden. Wenn wir die Augen aufmachen, so sehen wir an vielen Stellen in unserem Land Gärtnerinnen und Gärtner, die heute geduldig und widerstandsfähig düngen und umgraben. Immer mehr Menschen lernen in langsamen Schritten den Widerstand gegen die soziale Ungerechtigkeit, die Militarisierung der Gesellschaft und die Zerstörung der Schöpfung. Umkehr ist ein langer Prozeß, der Baum braucht viele, die im Garten arbeiten. Das geduldige Sich-entgegenstemmen, Ausharren, auch wenn wir verlacht und isoliert werden, ist Zeichen der Christen in einer todessüchtigen Welt. Keine unter uns soll denken: Ich bin allein, ich schaffe es nicht, alle anderen ducken sich lieber und halten den Mund. Wenn du das denkst – und ich denke es natürlich auch oft genug – dann hast du nicht richtig hingesehen. Immer mehr Menschen in unserem Land wachen auf.

Geduld bedeutet nicht, daß wir uns an die gewaltförmigen Verhältnisse der Ungerechtigkeit, unter der wir leben, anpassen, und sozureden den unfruchtbaren Feigenbaum ästhetisch und religiös hochjubeln. Es bedeutet, die kontinuierliche Arbeit des Widerstands gegen einen Staat, der uns nach wie vor Dauerarbeitslosigkeit von über zwei Millionen Menschen, Abbau der sozialen und kulturellen Notwendigkeiten für die Verarmten und die Zerstörung der Erde um des Profits willen zumutet. Unser Hunger und Durst nach Gerechtigkeit ist nicht kleiner oder schwächer geworden, die Nahrungsmittel, die uns diese Gesellschaft anstelle von Gerechtigkeit anbietet, rufen eher Brechreiz hervor. Das bedeutet aber nicht, daß die Geduld der Gartenarbeiterinnen verlorene Mühe wäre, weil man den jetzt unfruchtbaren Feigenbaum erst ausreißen müsse. Es gibt eine falsche christliche Apokalyptik, die gebannt auf die Totalkatastrophe des Weltuntergangs starrt, und es gibt eine falsche säkulare Hoffnungslosigkeit, die sich nur noch durch Auswanderungsträume, Lebensverweigerungen oder privatistische Verkleinerung des Menschseins rettet. Für die ersten Christen waren die apokalyptischen Zeichen Hoffnungsbilder; Angst und Schrecken hatten sie schon genug unter ihrem Cäsar. Von ihnen sollen wir glauben lernen. Was? Daß endlich die Schrecken der Gegenwart, das andauernde Verhungernlassen der Armen, die Zerstörung des Planeten ein Ende nehmen werden. Die Aufrüstungssüchtigen werden entwöhnt. Die vom Auto Abhängigen werden frei. Der unfruchtbare Feigenbaum hat – nicht eine ewige, aber eine begrenzte Zeit zur Umkehr.

Ein anderes Gleichnis vom Feigenbaum spricht von der Hoffnung. Die Geburtswehen mit ihren Schmerzen werden vergehen und die Geburt eines neuen Himmels und einer neuen Erde steht bevor. »An dem Feigenbaum aber lernt ein Gleichnis: Wenn jetzt seine Zweige saftig werden und Blätter treiben, so wißt ihr, daß der Sommer nahe ist« (Mk 13,28). Der Sommer Gottes ist nahe, wenn Menschen die Umkehr tun. Sie sehen die Katastrophen nicht mehr mit dem Zuschauerblick an, sondern als etwas, das uns alle bedroht. Sie leiden unter dem, was geschieht und haben aufgehört, sich zu Tode zu amüsieren. Sie warten auf Gott. Wir können nicht alle Bilder und Vorstellungen der apokalyptischen Erwartung verstehen und aneignen, aber die, die in der Angst vor den kosmischen Katastrophen die Sehnsucht nach einem Ende all unserer Not wachhalten, sind uns heute vielleicht greifbarer als früher. Wenn wir darauf achten, was der wiederkommende Menschensohn, von dem das Neue Testament spricht, tun wird, dann wachsen wir vielleicht tiefer in die Sehnsucht nach Gottes Reich hinein, dann werden wir hungriger und durstiger nach Gottes Gerechtigkeit, und dann verstehen wir die Bilder vom Ende so, wie sie heute schon in den Basisgemeinden und Befreiungsbewegungen der armen Welt verstanden werden. Gott wird dann seine Töchter und Söhne »sammeln«, Gott wird sie heimholen. »Siehe, die Wohnung Gottes bei den Menschen ... Und er wird abwischen alle

Tränen aus ihren Augen, und der Tod wird nicht mehr sein und keine Trauer, kein Geschrei und kein Leiden, denn das erste ist vergangen« (Offb 21,3). Wann wird es soweit sein? Die Spekulation darüber ist uns nicht gestattet. »Von dem Tag aber und der Stunde weiß niemand, auch die Engel im Himmel nicht, auch der Sohn nicht, sondern allein der Vater« (Mk 13,32). Die Spekulation nordamerikanischer Sekten über Harmageddon und das baldige Weltende ist nichts als durchsichtige Aufrüstungspropaganda, Religion im Dienst des totalen Krieges gegen die Armen. Da halten wir uns lieber an die nüchterne Mahnung, mit unserer Zeit so umzugehen, als besäßen wir sie nicht, als könnten wir nicht mehr davon produzieren, als wären wir nicht die absoluten allmächtigen Herren unserer Zeit. »Seht euch vor, wachet, denn ihr wißt nicht, wann die Zeit da ist« (Mk 13,33). Wachsamkeit gehört zur revolutionären Geduld der Gartenarbeiter. Das Gleichnis vom unfruchtbaren Feigenbaum, vom noch, vom bisher unfruchtbaren Feigenbaum endet offen. »Es ist noch nicht erschienen, was wir sein werden.« Wir sind noch nicht ganz sichtbar geworden. Gott wartet weiter auf uns, sogar auf uns mitten im Herzen des Unrechtssystems. Warum sollten wir nicht auch auf Gott warten, in Ängsten und Erschrecken über uns selber, in Hoffnung und geduldigem Widerstand.

Zeitansage II

Es kommt eine Zeit
da wird man den Sommer Gottes kommen sehen
Die Waffenhändler machen bankrott
die Autos füllen die Schrotthalden
und wir pflanzen jede einen Baum

Es kommt eine Zeit
da haben alle genug zu tun
und bauen die Gärten chemiefrei wieder auf
in den Arbeitsämtern wirst du
ältere Leute summen und pfeifen hören

Es kommt eine Zeit
da werden wir viel zu lachen haben
und Gott wenig zum Weinen
die Engel spielen Klarinette
und die Frösche quaken die halbe Nacht

Und weil wir nicht wissen
wann sie beginnt
helfen wir jetzt schon
allen Engeln und Fröschen
beim Lobe Gottes.

1 SAMUEL 1,1–11

1 *Es war ein Mann von Ramatajim-Zofim, vom Gebirge Ephraim, der hieß Elkana, ein Sohn Jerohams, des Sohnes Elihus, des Sohnes Tohus, des Sohnes Zufs, ein Ephraimiter.*
2 *Und er hatte zwei Frauen; die eine hieß Hanna, die andere Peninna. Peninna aber hatte Kinder, und Hanna hatte keine Kinder.*
3 *Dieser Mann ging jährlich hinauf von seiner Stadt, um anzubeten und dem Herrn Zebaoth zu opfern in Silo. Dort aber waren Hofni und Pinhas, die beiden Söhne Elis, Priester des Herrn.*
4 *Wenn nun der Tag kam, daß Elkana opferte, gab er seiner Frau Peninna und allen ihren Söhnen und Töchtern Stücke vom Opferfleisch.*
5 *Aber Hanna gab er ein Stück traurig; denn er hatte Hanna lieb, obgleich der Herr ihren Leib verschlossen hatte.*
6 *Und ihre Widersacherin kränkte und reizte sie sehr, weil der Herr ihren Leib verschlossen hatte.*
7 *So ging es alle Jahre; wenn sie hinaufzog zum Haus des Herrn, kränkte jene sie. Dann weinte Hanna und aß nichts.*
8 *Elkana aber, ihr Mann, sprach zu ihr: Hanna, warum weinst du, und warum issest du nichts? Und warum ist dein Herz so traurig? Bin ich dir nicht mehr wert als zehn Söhne?*

9 *Da stand Hanna auf, nachdem sie in Silo gegessen und getrunken hatten. Eli aber, der Priester, saß auf einem Stuhl am Türpfosten des Tempels des Herrn.*
10 *Und sie war von Herzen betrübt und betete zum Herrn und weinte sehr*
11 *und gelobet ein Gelübde und sprach: Herr Zebaoth, wirst du das Elend deiner Magd ansehen und an mich gedenken und deiner Magd nicht vergessen und wirst du deiner Magd einen Sohn geben, so will ich ihn dem Herrn geben sein Leben lang, und es soll kein Schermesser auf sein Haupt kommen.*

1 SAMUEL 2,1–10

1 *Und Hanna betete und sprach: Mein Herz ist fröhlich in dem Herrn, mein Haupt ist erhöht in dem Herrn. Mein Mund hat sich weit aufgetan wider meine Feinde, denn ich freue mich deines Heils.*
2 *Es ist niemand heilig wie der Herr, außer dir ist keiner, und ist kein Fels, wie unser Gott ist.*
3 *Laßt euer großes Rühmen und Trotzen, freches Reden gehe nicht aus eurem Munde; denn der Herr ist ein Gott, der es merkt, und von ihm werden Taten gewogen.*
4 *Der Bogen der Starken ist zerbrochen, und die Schwachen sind umgürtet mit Stärke.*
5 *Die da satt waren, müssen um Brot dienen, und die Hunger litten, hungert nicht mehr. Die Unfruchtbare hat sieben geboren, und die viele Kinder hatte, welkt dahin.*
6 *Der Herr tötet und macht lebendig, führt hinab zu den Toten und wieder herauf.*
7 *Der Herr macht arm und macht reich; er erniedrigt und erhöht.*

8 *Er hebt auf den Dürftigen aus dem Staub und erhöht den Armen aus der Asche, daß er ihn setze unter die Fürsten und den Thron der Ehre erben lasse. Denn der Welt Grundfesten sind des Herrn, und er hat die Erde darauf gesetzt.*
9 *Er wird behüten die Füße seiner Heiligen, aber die Gottlosen sollen zunichte werden in Finsternis; denn viel Macht hilft doch niemand.*
10 *Die mit dem Herrn hadern, sollen zugrunde gehen. Der Höchste im Himmel wird sie zerschmettern, der Herr wird richten der Welt Enden. Er wird Macht geben seinem Könige und erhöhen das Haupt seines Gesalbten.*

LUISE SCHOTTROFF/DOROTHEE SÖLLE
Hanna
1. SAMUEL 1,1–11; 2,1–10

Wer weint, ißt nicht
Hannas Elend

L. S. Wir wollen von Hanna erzählen, von einer Frau, die in der Geschichte Israels als Mutter eines Propheten eine Rolle gespielt hat. Ihr erster Sohn war Samuel, der politisch wichtig wurde, als er Israels Könige salbte. Hannas Geschichte wird in 1. Sam 1 und 2 jedoch so detailliert berichtet, daß deutlich wird, hier geht es vor allem um Hannas Glück, um das Geschick vieler Frauen und die Hoffnung eines Volkes, das sich mit dem Befreiungsweg einer Frau identifiziert. Wir wollen also von Hanna reden und nicht von Samuel. Der Text für diese Bibelarbeit macht Hanna zum Mittelpunkt.

Ehe Hanna mit Samuel schwanger wurde, war sie lange Jahre kinderlos in einer Ehe. Das war für eine Frau in den antiken Gesellschaften ein grausames Schicksal, auch wenn der Mann sie liebte wie Elkana, Hannas Mann. Der Lebenszweck der Frauen war nach der Meinung der Gesellschaft, daß sie Mutter möglichst vieler Söhne werden sollten. Wenn eine Frau keine Söhne gebar, war sie überflüssig wie ein unfruchtbarer Baum. Unfruchtbare Bäume wurden abgehackt, neue gepflanzt. Unfruchtbare Frauen wurden nicht getötet, aber mißachtet. Der Text erzählt, daß Hannas Ehemann bereits eine zweite Ehe eingegangen ist, in der die neue Frau – Peninna – viele Kinder bekam. Hanna mußte also täglich in ihrem Hause die Demütigung ertragen, daß die fruchtbare Peninna ihr demonstriert, was *sie* alles hat und was Hanna nicht hat. In einer jüdischen Hanna-Legende wird erzählt, Peninna habe Hanna schon morgens mit einer Gemeinheit begrüßt: »Mußt du nicht aufstehen und deine Kinder waschen, um sie zur Schule zu schicken?«[1]

Eine andere Legende erzählt, Peninna habe Hanna jeden Tag gequält: »Was nützt es dir, daß dich dein Mann Elkana liebt, da du ein dürrer Baum bist? Ich weiß vielmehr, daß er mich lieben wird; denn er ergötzt sich beim Anblick meiner Söhne, die ihm gleich einer Ölbaumpflanzung umstehen. ... Findet sich bei Weibern keine Leibesfrucht, dann ist die Liebe wertlos« (Ps Philo 50,1f.)[2]. Diese Legenden malen das Elend der kinderlosen Frauen aus, ihr alltägliches Elend, das Gift in den Beziehungen, in denen sie leben. Selbst die Liebe zwischen Elkana und seiner kinderlosen Frau Hanna ist bedroht. Elkana hat nach der biblischen Erzählung tapfer zu Hanna gestanden, er hat auch öffentlich deutlich gemacht, daß er sie trotz der Kinderlosigkeit liebt. Der Text erzählt das so: Elkana sei mit seinen zwei Frauen und den Kindern aus der Ehe mit Peninna jedes Jahr nach Silo zum Heiligtum Gottes gewallfahrtet. Diese Wallfahrt war für Hanna der Gipfel der Demütigung, obwohl Elkana, der Mann, das zu verhindern versuchte: *»Wenn nun der Tag kam, da Elkana opferte, pflegte er seinem Weibe Peninna und all ihren Söhnen und Töchtern je einen Anteil zu geben, der Hanna dagegen gab er einen doppelten Anteil«* – die Übersetzung ist an dieser Stelle strittig (Alternative: »ein Teil traurig«), weil der hebräische Text nicht ganz klar ist. Deutlich ist jedoch, daß Elkana bei der feierlichen Opferfleischverteilung zeigen will, daß Hanna für ihn nicht minderwertig ist.

Der Text sagt, daß er ihr ein besonderes Stück gibt, *»denn er hat Hanna lieb, obwohl Gott ihren Leib verschlossen hatte. Und ihre Widersacherin kränkte und reizte sie sehr, weil Gott ihren Leib verschlossen hatte. So ging es alle Jahre; wenn sie hinaufzog zum Haus Gottes, kränkte jene sie. Dann weinte Hanna und aß nichts. Elkana aber, ihr Mann, sprach zu ihr: »Hanna, warum weinst du, und warum ißt du nichts? Und warum ist dein Herz so traurig? Bin ich dir nicht mehr wert als zehn Söhne?«* (1. Sam 1,4–8)

Wir nennen heute eine Gesellschaft wie diese patriarchal. Sie beruht auf Herrschaftsbeziehungen zwischen Männern und Frauen, die den Frauen ganz bestimmte untergeordnete Rollen zuschreiben. Diese ungerechte Herrschaft über Frauen ist in einer patriarchalen Gesellschaft mit der Ausbeutung der Armen durch die Reichen und ungerechter politischer Herrschaft verbunden. Die Frauen, die die vorgegebene weibliche Rolle als Mutter nicht erfüllen, müssen leiden. Das patriarchale System ist auch nicht durch einzelne Männer veränderbar. Der liebevollste Ehemann wie Elkana und der netteste Typ kann die Ungerechtigkeit des Patriarchats nicht aufheben. Hanna wollte nichts essen beim festlichen Opfermahl. Hanna weinte und aß nichts, obwohl Elkana vor der Festgemeinde deutlich gemacht hatte, daß Hanna ihm durch ihre Kinderlosigkeit nicht wertlos geworden ist.

In der Bundesrepublik gibt es durch die Umweltvergiftung zunehmend kinderlose Paare, die sich Kinder wünschen und einen jahrelangen Elendsweg durch Arztpraxen gehen. Oft gehen die Ehen durch den Druck, dem sich die Beteiligten unterwerfen, auseinander. Die Leiden der kinderlosen Frauen in den westlichen Industriegesellschaften sind zugleich der Ansatzpunkt menschenentwürdigender medizinischer Technologien: die In-vitro-Fertilisation gelingt nur in einem Teil der Fälle, ist aber immer mit einem schweren und schmerzhaften Eingriff für die Frauen verbunden.

D. S. Martina hat sich sieben Jahre lang behandeln lassen, das Wunschkind ist trotzdem bis heute ein Wunsch geblieben. Sie erzählt[3]:

»Das Gesamte war furchtbar, aber am schlimmsten waren immer wieder die Fehlschläge; immer, wenn man wieder merkte, ne, hat wieder nicht geklappt. Man hat sich so in die Hoffnung reingesteigert, jetzt hat's geklappt! Und dann jeden Monat diese Enttäuschung, dieses tiefe Fallen. Sie fallen endlos tief. Das macht einen körperlich und seelisch total fertig. Das kann man nicht oft mitmachen. Irgendwann muß man sagen, so, jetzt geht's nicht, mit aller Macht, und wirklich dafür kämpfen, daß man d'rüber wegkommt. Wir haben es sieben Jahre durchgemacht, vom Anfang bis zum Ende, und das ist eine Zeit, die ist unendlich lang, und man leidet wahnsinnig.«

Martina und ihr Mann sind keineswegs Ausnahmen. Monat für Monat machen sich allein der Bundesrepublik 200 bis 300 Paare Hoffnung, die letzte Möglichkeit, die Zeugung in der Retorte, möchte endlich zum ersehnten eigenen Kind führen, aber nur für höchstens 10 bis 15 von ihnen geht der Wunsch in Erfüllung. Die extracorporale, die außerleibliche Befruchtung ist in der Regel der letzte Versuch, die Endstation eines mehr oder weniger langen Leidensweges. Für Martina hatte er mehrere Stationen. Nachdem die vom Arzt zunächst empfohlene Geduld erschöpft war, ging sie zum ersten Mal in eine »Kinderwunschsprechstunde«. Dort wurde mittels einer Bauchspiegelung eine bislang unerkannte Erkrankung festgestellt und mit Hormonen neun Monate lang behandelt. Sie erzählt:

»Das war für mich schon eine ziemliche Belastung, ich hab unheimlich zugenommen, war in den Wechseljahren, hatte also auch aufsteigende Hitze, fühlte mich total malade, war aggressiv und habe mich auch in mich selbst zurückgezogen, hab keinen irgendwo rangelassen an mich. Nach neun Monaten sagte man dann, na, jetzt können wir aufhören, das sieht alles sehr schön aus, und wir begannen dann mit der Insemination, d. h. das Sperma von meinem Mann wurde mir zum Eisprung eingespritzt. Das sollte bewirken, daß das Sperma schneller oder direkter zu der Eizelle gelangen kann. Das bedeutete für mich, daß ich jeden Monat sieben Tage vor dem Eisprung tagtäglich morgens in der Klinik erscheinen mußte mit einer vollen Blase, ich durfte morgens nicht auf die Toilette, mußte unheimlich viel trinken, mußte so einen richtigen dicken, runden Bauch bekommen, dann wurde halt immer geguckt, wie weit ist der Eisprung, wenn das soweit war, durfte ich meinen Mann anrufen in der Firma, sagen ›Du darfst kommen‹, er setzte sich ins Auto, kam in die Klinik, gab sein Sperma ab, das wurde mir eingespritzt, er ging arbeiten, ich blieb noch ne halbe Stunde liegen, ging dann auch arbeiten. Das ging eben auch über neun Monate, und dann hatten wir auch davon genug, weil eben auch da keine Chance war, daß ich schwanger wurde. Ich war da noch sehr euphorisch, da ich ja gelesen und auch viel gehört hatte über die Retortenbabys und dachte da eigentlich schon immer, na, wenn das nicht klappt, probierst du's da. Da hat man soviel Gutes gehört über die Zeitung, eigentlich nur Gutes, Schlechtes wurde da gar nicht bekanntgegeben, und die Erfolgschancen auch nicht, das hat man nachher erst alles mitgekriegt. Also sprach ich mit meinem Arzt, er meinte, o. k. wir probieren's, und ich wurde soweit vorbereitet, bekam meine Medikamente, ich ging ab dem fünften Tag meiner Periode hin zum Ultraschall, morgens wieder mit voller Blase, wieder viel trinken, wiederum mit dem Arbeitgeber alles besprechen, daß ich jetzt wieder die nächsten Tage später arbeiten komme, weil ich im Klinikum bin. Ich bekam Hormonspritzen, damit die Eizellen besser wachsen, wobei ich wieder in die Breite ging, wieder zunahm, das wirkte sich alles wieder auf den Körper aus, es war alles durcheinander irgendwo, es war nichts natürliches mehr, ich habe meine Periode nicht mehr natürlich gekriegt, es war alles nach Zeitplan. Dann, sechsunddreißig Stunden vor dem Eisprung, mußte ich dann nachts um zwölf zum Klinikum, bekam eine Spritze, die bewirkte, daß die Eizelle wirklich sechsunddreißig Stunden später springt, ging dann am nächsten Morgen mit meinem Köfferchen in die Klinik, wohlvorbereitet für eine Bauchspiegelung bzw. Entnahme der Eizelle. Der erste Versuch war geglückt, es war eine Eizelle da, die wurde auch rausgeholt, sie wurde befruchtet, sie teilte sich, und man wollte sie einsetzen. Und dann kam das dicke Ende, man hatte mich nicht darauf vorbereitet, wie das jetzt aussehen würde, dieses Einsetzen. Ich wurde nicht in ein Behandlungszimmer geschoben, sondern in ein Besucherzimmer, was zugemacht wurde, ›Bitte nicht stören‹ hing dann draußen, nur Vorhänge davor. Dann sagte man mir: ›So, jetzt knien sie sich auf ihr Bett und heben den Po ganz hoch.‹ Dann wurde ich ein bißchen abgedeckt, kriegte ein Kissen unter den Bauch, und dann standen um mich rum fünf oder sechs Ärzte mit ein paar Studenten ... Schon allein diese Stellung ist sowas von erniedrigend und peinlich, und das war der erste Schock, und dann wurde die Eizelle eingesetzt, und das war unheimlich schmerzhaft, man mußte bis in die Gebärmutter rein, und das kann man sich kaum vorstellen, was das für Schmerzen sind. Ich biß die Zähne zusammen, jammerte ein bißchen, und dann war die Eizelle drin, und dann hieß es, sechs Stunden auf dem Bauch liegen, Füße erhöht, und wie eine Tote still liegen, nicht bewegen, nichts.

Das war nun auch überstanden, zwei Tage später durfte ich dann nach Hause gehen in der Hoffnung, nein, in dem Bewußtsein, aha, jetzt bist du schwanger. Und dann fing halt die Zeit des Wartens an, ja, und nach vierzehn Tagen bekam ich meine Periode und bin ziemlich – sehr sehr tief gesunken. Mein Mann hat sich dann unheimliche Mühe gegeben, mich zu trösten und mir gut zuzureden, daß es ja nicht gleich beim ersten Mal klappen muß. Ja, da ist für mich eine Welt zusammengebrochen, ich konnte es einfach nicht fassen, denn ich habe unheimlich viel darauf gesetzt, dacht, jetzt gehst hin, es wird gemacht, und dann bist du schwanger, das klappt, du bist eine von denen, bei denen es klappt.

Auch bei zwei weiteren Versuchen hat es nicht geklappt. Ich war jetzt seelisch ziemlich am Ende, körperlich irgendwo auch, ich fühlte mich vollgepumpt mit Medikamenten bis zum Gehtnichtmehr, ich hatte zu dem Zeitpunkt schon arge Alpträume, schrie nachts auch auf, fühlte mich fürchterlich, ja, nicht krank aber – wie soll ich sagen – enttäuscht und niedergeschlagen, weil die Hoffnung auf ein eigenes Kind immer mehr geschwunden ist, immer mehr weggewesen. Ich fühlte mich hintergangen und von allen verlassen irgendwo, weil mein Mann sich auch nicht so in die Situation hineinversetzen konnte. Er wußte nicht, was das für mich bedeutet, immer morgens hinrennen, und die Qual und diese Schmerzen, die man da aussteht, nicht nur körperliche, sondern auch seelische Schmerzen ... Ich habe nur für das Kind gelebt, von Monat zu Monat mit der Hoffnung, endlich schwanger zu sein. Es gab für mich nichts anderes. Wir sind nicht weggegangen, ich hatte keine Lust, wegzugehen, ich habe kein Interesse für irgendwas gehabt, für nichts, es herrschte nur der Kinderwunsch in mir. Ich war so besessen davon, es war, wenn ich heute überlege, eine ganz furchtbare Zeit, es gab nichts anderes, man war ja auch ständig in Behandlung.«

L. S. Martina ist ein Opfer der Reproduktionsmedizin, die alles als machbar erklärt. Mehrere Eier, die der kinderlosen Frau entnommen werden, werden befruchtet, eines wird eingepflanzt. Die restlichen Eier sind das Material für gentechnologische Forschungen am menschlichen Erbgut. Da unsere Wissenschaft noch immer alle Brutalitäten, die sie begehen konnte, auch begangen hat, wird es nicht lange dauern, bis Menschen züchterisch beeinflußt werden im Interesse z. B. von Militär und Industrie. Wir haben an den Autobahnen schon Büsche stehen, die Abgase gut vertragen. Der abgastaugliche Mensch ist bestimmt profitabler herzustellen als saubere Luft. Ein ungeheures Feld industrieller Produktion und des skrupellosen

Verdienens tut sich mit der Gentechnologie auf. Die gesellschaftliche Erpressung der kinderlosen Frauen steht am Anfang dieser Gentechnologie, die Menschen manipulieren wird.

D. S. Martina ist aber auch Mittäterin. Sie ist besessen von dem Wunsch, ein Kind zu haben. Als wolle sie zwanghaft eine Leistung vollbringen – der alte Ausdruck »uns wurde ein Kind geschenkt« ist nicht mehr angemessen. Daß es Tausende von nicht-biologischen Müttern gibt, die ihr adoptiertes Kind nicht weniger lieben als ein selbstgeborenes, scheint ihr nie in den Sinn gekommen zu sein. Sie wird krank am falschen Wunsch: »Ich muß ein Kind gebären.« Die neue Industrie bemächtigt sich ihrer und benutzt sie.

Hanna in den Zwängen des alten, agrarischen Patriarchats, Martina in denen des neuen technologischen.

Gebet
Gott, wohin sollen wir gehen?
Du hast Wege lebendigen Lebens.
Du kennst unsere Ängste:
ein Kind zu bekommen,
kein Kind zu bekommen.
Du siehst unsere Kliniken,
wo verzweifelte Frauen abtreiben
und andere ebenso verzweifelt
sich der großen Maschine unterwerfen.
Gott, wohin sollen wir gehen?
Du hast Wege lebendigen Lebens,
zeig sie uns,
wir werden sie gehen
ohne Angst vor denen,
die unsere Körper verwalten
und unsere Seelen kleinhalten.

L. S. Hanna weinte und aß nichts. Eine Frau, die ihre Frauenrolle nicht erfüllt, hatte damals nichts zu lachen und hat heute nichts zu lachen. Die heile patriarchale Familie ist ein Druckmittel für alle, die in diesem System nicht vorgesehen sind: geschiedene Pfarrfrauen, schwangere Minderjährige, lesbische Frauen, einsame alte Frauen, Prostituierte, Frauen, die merken, daß sie keine Kinder haben wollen, weil sie keine guten Mütter sein wollen. Die patriarchale Ideologie ist ein Zwangsinstrument, das in das Leben jeder Frau – heute wie damals – eingreift. Wir müssen lernen, die Frauen zu sehen, die wie Hanna nichts zu lachen haben. Wir müssen begreifen, wie aller Frauen Lebensweg von der männerbeherrschten Gesellschaft definiert wird und wie oft daraus ein Leidensweg wird. Die unsichtbaren Leiden der Frauen, die kinderlos sind wie Hanna, die als Kinder von Vätern sexuell benutzt wurden, die von betrunkenen Männern geschlagen werden, sind bittere Alltagswahrheit des Patriarchats damals wie heute. Der Krieg und die Kriegsvorbereitung, die Kriegslust, die aus eleganten Kampfflugzeugen schimmert, sind seine Verklärung.

Elkana hat Hanna gegen das Unrecht des Patriarchats verteidigen wollen und er hat es nicht geschafft. Der Text aus dem alten Samuelbuch hat eine beeindruckende Patriarchatsanalyse zur Grundlage. Die Rolle der anderen Ehefrau Elkanas schnürt uns den Hals zu. Sie exekutiert den patriarchalen Druck auf Hanna. Wir sollten Peninna nicht moralisch verurteilen. Frauensolidarität ist nichts natürliches, sondern ein seltenes und ungewöhnliches Geschenk – unter den Bedingungen, in denen wir leben. Viele Frauen haben dies in den letzten Jahren unter Schmerzen lernen müssen. Wir dachten, Frauensolidarität würde mit dem Frauenbewußtsein und -selbstbewußtsein wachsen. Wie schmerzlich ist es zu sehen, wenn Frauen sich bittere Konkurrenzkämpfe liefern!

Peninna war die typische Mittäterin: sie genügte den gesellschaftlichen Ansprüchen und fühlte sich stark. Sie wußte nicht, wie nötig sie Hanna brauchen würde, wenn sie vielleicht später einmal als Witwe der Willkür ihrer Söhne ausgesetzt sein würde. Die Mittäterin im Patriarchat erfüllte die Erwartungen und sieht die Opfer nicht.

Gebet

D. S. Gott, mach uns sehend.
Gib uns Augen für unsere Schwestern
nicht die falschen Augen, mit denen wir sehen:
sie ist reichlich dick,
sie ist ein bissel dumm,
sie hat nur Männer im Kopf.

Gott, mach uns sehend.
Gib uns Augen für unsere Schwestern,
daß wir nach dem Kummer fragen,
den eine mit Essen in sich stopft
nach den Verboten,
den eigenen Verstand zu gebrauchen,
nach dem Fehlen von Freude.

Gott, mach uns schwesterlich,
gib uns Vertrauen zueinander
und lehr uns die Schönheit sehn,
die du in jeder Frau versteckt hast.

Hannas Aufbruch. Ein Dialog

L. S. Hanna hat sich eines Tages dem Elend nicht mehr gefügt. Ihr Widerstand begann mit dem Essen und Trinken, mit einem Gebet. »*Da stand Hanna auf, nachdem sie in Silo gegessen und getrunken hatte ... Sie war von Herzen betrübt und betete zu Gott und weinte sehr und gelobte ein Gelübde und sprach: Gott Zebaoth, wirst du mein Elend ansehen und meiner gedenken und mich nicht vergessen und wirst mir einen Sohn geben, so will ich ihn dir geben sein Leben lang, und es soll kein Schermesser auf sein Haupt kommen*« (1. Sam 1,11). Hanna bittet Gott, ihr zu helfen. Die einzige Hilfe, die sie sich vorstellen kann, ist, daß Gott ihr die Schwangerschaft mit einem Sohn schenkt. Und dafür verspricht sie Gott ihren Sohn in einem Gelübde. Gott erfüllt ihren Wunsch. Er läßt die gedemütigte Frau nicht allein, aber auch Gott weiß keine andere Hilfe als die Erfüllung der Forderungen des Patriarchats. Diese Rettung Hannas verursacht mir zwiespältige Gefühle.

D. S. Mir nicht! Ich denke an diesem Punkt anders als du. Luise und ich sind Freundinnen, aber an dieser Stelle müssen wir schwesterlich streiten!

L. S. Der Text will von dem Gotteswunder bei der Geburt des Propheten Samuel sprechen und er will die Rettung Hannas berichten. Aber ich höre die Doppeldeutigkeit des Textes: Er benennt das Unrecht des Patriarchats, er zeigt einen Gott, der dieses Unrecht nicht erträgt, aber dann doch in seinen Grenzen bleibt.

D. S. Halt, Halt! Kinderkriegen ist doch keine Erfindung des Patriarchats! Willst Du klüger sein als Hanna und wissen, was sie sich wünschen soll? Martina soll ihren Kinderwunsch aufgeben oder im Wünschen beweglicher werden, weil sie sich dem wissenschaftlich-industriellen Komplex des Patriarchats unterworfen hat. Aber Hanna?

L. S. Es ist als sei das Gesetz patriarchaler Gesellschaften übermächtig, nicht veränderbar.

D. S. Das halte ich für ungeschichtlich gedacht. Hanna ist doch sehr selbständig. Sie nimmt mit ihrem Mann am Kult teil, sie betet allein und für sich, braucht keinen Vorbeter. Der Priester Eli läßt sich von ihr überzeugen. Sie legt ein Gelübde ab, ohne ihren Mann zu fragen. Nach 4. Mose 11 könnte der Mann das verweigern oder das Gelübde durch Schweigen anerkennen. Aber unsere Erzählung sieht sie als rechtsfähig und entscheidungsmündig. Sie bestimmt allein über das Schicksal ihres Sohnes, der Vater wird nicht gefragt. Die Geschichte lehrt gerade die Aufhebung von Demütigung. Gott springt nicht aus der Geschichte heraus und auch nicht aus der Schöpfung, wenn er uns hilft.

L. S. Ich gebe zu, die Hanna-Geschichte macht verschiedene Löcher in das dichte Gefüge des patriarchalen Herrschaftssystems. Im biblischen Text heißt es weiter, daß Hanna das Gebet zu Gott ohne Worte gesprochen hat, nur ihre Lippen hätten sich bewegt. In einer späteren Hanna-Legende heißt es darüber: »Hanna aber wollte nicht laut, wie sonst die Menschen, beten. Sie dachte nämlich: Vielleicht bin ich nicht würdig, erhört zu werden; dann könnte mich Peninna nur noch mehr aushöhnen, so, wie sie täglich spricht: Wo ist dein Gott, auf den du vertraust? Ich aber weiß, daß nicht reich ist, die viele Söhne hat, noch arm, die wenige besitzt, sondern daß die reich ist, die Überfluß an Ergebung in Gottes Willen besitzt. ... Meine Tränen werden Gehilfinnen meiner Gebete sein« (Ps Philo 50,5)[4]. Das Gebet ohne Worte hat ein Loch in das patriarchale Gefüge gemacht. Hanna verbündet sich mit Gott heimlich eben doch gegen die patriarchale Gewalt. Sie weiß, daß er den Reichtum der Frauen nicht nach der Zahl ihrer Söhne bemißt, daß vor Gott andere Maßstäbe gelten. Der biblische Text sagt nur, daß sie leise gebetet hat, so daß niemand ihre Worte hörte. Diese spätere Ausmalung zeigt, wie Hanna schon mit dieser kleinen Abweichung ein Loch ins patriarchale Gefüge gemacht hat. Deshalb hat man sich zu Recht ausgemalt, daß sie mit Gott ein Bündnis gemacht hat, das weiter reichte als nur bis zur Erfüllung patriarchaler Normen.

D. S. Und Gott mit ihr! Gott ist in dieser Geschichte nicht der Erfüllungsgehilfe des Patriarchats! Gott und Hanna arbeiten zusammen.

L. S. Das größte Loch aber, das Hanna in das patriarchale Machtgefüge gemacht hat, ist ihr Gottesloblied, als das Kind geboren ist und sie es zum Heiligtum Gottes bringt. Hanna hat ein Loblied gesungen, und dieses Lied wurde zum Trost des Volkes Israel in seiner oft schrecklichen Geschichte. Wegen dieses Liedes ist Hanna im Volk Israel als Prophetin verehrt worden.

D. S. Die jüdische Tradition nennt sieben weibliche Propheten: »Welches waren diese Prophetinnen? Sara, Mirjam, Debora, Hanna, Abigail, Hulda, Esther« und auf die Frage, warum Hanna zu den Prophetinnen gerechnet wird, verweist die Tradition auf das Lied Hannas, in dem es heißt: »Es betete Hanna und sprach: Es jubelt mein Herz, erhoben ist mein Horn durch den Lebendigen.« Das Wort verweist auf die dauerhafte

Herrschaft der Könige, die mit einem Horn gesalbt wurden, während andere nur mit einem Krug gesalbt wurden, der zerbrechlich war[5]. »Das Horn deutet auf Stärke, das Öl auf seelischen Erfolg.«[6] So hoch wird Hanna eingeschätzt.

L. S. Das Lied singt von der Erhöhung der Niedrigen. Das Schicksal Hannas, ihr Elend und ihre Befreiung durch Gott, ist zum Symbol der Befreiung des ganzen unterdrückten Volkes geworden: Hannas Weg ist selbst Prophetie, sie ist Prophetin mit dem Leibe und mit dem Munde. Aus dem unfruchtbaren Baum wurde ein fruchtbarer Baum, die fruchtbare Frau zum Symbol der Befreiung des Volkes. So kann ich Hannas Fruchtbarkeit als Befreiung verstehen, die mehr ist als nur die Erfüllung der Gesetze des Patriarchats. Denn wenn das Gebären der Frauen nicht patriarchal verzweckt ist, ist es ein Wunder, das größte Wunder, das Gottes Schöpfungskraft den Menschen geschenkt hat.

D. S. Ich denke da anders. Die Geburt ist ein Wunder, ohne Wenn und Aber. Da kann das Patriarchat sich auf den Kopf stellen und verzwecken, was es will, die Geburt und das Gebären hat eine größere Kraft als die Tötungsmacht des Patriarchats. Denk doch an die israelischen Hebammen, die dem Pharao Widerstand geleistet haben, subversiven Widerstand, als sie die dem Tod geweihten Kinder des Volkes retteten.

L. S. Wir sind uns da eigentlich einig. Niemand weiß so genau wie eine gebärende Frau, wie zerbrechlich das Leben ist – und wie jedes neugeborene Kind uns eine Ahnung von der neuen Schöpfung Gottes gibt, auf die wir warten, nach der wir uns sehnen. Hannas Gebären, das Gebären der Unfruchtbaren ist zum Zeichen der Befreiung aus aller menchengemachten Unterdrückung geworden. Hannas Loblied auf Gott beginnt mit dem Ausdruck des Glücks und der Kraft. »*Mein Herz ist fröhlich in Gott. Mein Haupt ist erhöht in dir, Gott. Mein Mund hat sich weit aufgetan wider die, die mir feind sind, denn ich freue mich deines Heiles. Niemand ist heilig wie du Gott, außer dir ist kein Gott und ist kein Fels wie unsere Gottheit.*« Hanna weint nicht mehr. Sie hat gegessen und getrunken, flüsternd gebetet. Sie hat sich mit Gott verbündet,

Die Kirche liegt am Busen von Bayer-Leverkusen

Diesen Eindruck gewinnt man angesichts einer Entscheidung der Rheinischen Kirche, der Solinger Pastorin und kritischen Bayer-Aktionärin Friedel Geisler ihren Pastorinnentitel abzuerkennen. Mit 24 Millionen Kirchensteuer jährlich säugen die Bayer-Ammen das evangelische Kind. Angeblich hat die Maßnahme gegen die Gemeindemissionarin, die in Drogenarbeit und "3. Welt"-Engagement ihren kirchlichen Auftrag wahrnimmt, nichts mit deren Bayer-Aktivitäten zu tun.

Friedel Geisler, Diplom-Religionspädagogin, stammt aus freikirchlichen Kreisen (Vater Leiter einer Bibelschule). Nach dem frühen Tod ihres Mannes baute sie Anfang der siebziger Jahre in Solingen eine vielbeachtete Jugend- und Drogenberatung auf. Im Juni 77 wurde sie zur Gemeindemissionarin und Pastorin ordiniert. Der Titel "Pastorin" ist für sie in der Arbeit mit Suchtgefährdeten außerordentlich wichtig wegen des Seelsorgegeheimnisses und des damit verbundenen Zeugnisverweigerungsrechtes.

Nun soll das alles ein Irrtum gewesen sein. Superintendent Günther beteuert in einem jammervollen Rundbrief, die Titelaberkennung sei eine arbeitsrechtliche Frage und habe nichts mit einer Aktivität Friedel Geislers zu tun, die ansonsten als störend empfunden wird:

Seit 1985 tritt Frau Geisler als mahnendes Gewissen auf Bayer-Aktionärsversammlungen auf. Sie ist Mitbegründerin der "Coordination gegen Bayer-Gefahren e.V.". Sie tituliert sich auf Aktionärsversammlungen nicht als Pastorin, wird aber von den Bayer-Vorständlern so angesprochen. Immerhin handelt sie ausdrücklich mit Unterstützung und im Auftrag des Ökumenischen Rates der Kirchen. Der Schaden, den Bayer weltweit anrichtet, bietet wahrlich genügend Anlaß dazu.

Herr Superintendent Günther hat andere Sorgen. Er sagt zu Frau Geisler hinsichtlich ihrer Bayer-Auftritte: "Warum brauchen Sie in diesem Zusammenhang die Dienstbezeichnung? Wozu? Verzichten Sie auf den Gebrauch dieser Dienstbezeichnung! Es bringt der Kirche mehr Schaden als Nutzen." – Herr Günther und das Landeskirchenamt weisen alle erneuten Versuche ab, die – rechtlich nicht geforderte – Entziehung des Pastorinnentitels rückgängig zu machen, trotz vieler Solidaritätsadressen (z.B. des EKD-Synodalen Jürgen Schmude oder des Bundestagsabgeordneten Uwe Holtz).

Sendet uns weitere Protestunterschriften! Wir geben sie gesammelt weiter.

Unterstützt auch die Coordination gegen Bayer-Gefahren, Hofstr. 27a, 5650 Solingen 11.

Ähnliches wie Frau Geisler widerfuhr schon 1899 einem der "Urväter" des Religiösen Sozialismus, Christoph Blumhardt.

Einem Freundesbrief hinsichtlich seiner Solidarisierung mit der sozialistischen Bewegung fügt er als Nachschrift hinzu:

Friedel Geisler (Der Spiegel)

"Nachdem Vorstehendes geschrieben war, lief ein Schreiben des Königl. Konsistoriums an mich ein, in welchem ich aufgefordert wurde, auf Rang und Titel eines Pfarrers der Württemberger Landeskirchekirche zu verzichten..."

aus: Flugblätter der Religiösen Sozialisten, Nr. 3, 1o/1988.

und ihr Leiden ist beendet. Sie schweigt nicht mehr, muß auch nicht mehr flüstern, sie sagt laut ohne Angst vor Konflikten, was Recht ist und was Unrecht ist. Sie redet als Prophetin.

Wir alle können Prophetinnen sein und laut sagen, was Recht und was Unrecht ist. Die Kraft zu dieser Verwandlung kommt aus der Heiligkeit Gottes, der ihr Leiden beendet hat und aus der gedemütigten Frau eine Prophetin machte. Heiligkeit Gottes, Heil Gottes – das hört sich so erhaben, weit entfernt von der Alltagswirklichkeit an. Aber hier hat sich Gottes Heiligkeit mit einer verachteten Frau verbunden.

Wir sind alle Prophetinnen

D. S. Wir alle können Prophetinnen sein. Um dieses »wir alle« unter Beweis zu stellen, will ich euch jetzt von einer Frau erzählen, die ich vor einigen Tagen kennengelernt habe. Ich spreche von der rheinischen Pastorin Friedel Geisler aus Solingen. Ich habe seit langem keinen Menschen getroffen wie sie, die eine völlig klare theologische und politische Perspektive so sehr mit Mut, Fröhlichkeit und Vertrauen verbindet. Friedel Geisler stammt aus freikirchlichen Kreisen. Nach dem frühen Tod ihres Mannes baute sie als Religionspädagogin eine Jugend- und Drogenberatung auf. Im Juni 1977 wurde sie zur Gemeindemissionarin und Pastorin ordiniert. Bei einem Besuch in Zentralamerika fragte sie die Basisgemeinde dort, was sie denn – außer Informationen über die Realität zu verbreiten – noch tun könnte. Sie wurde auf die Umweltgefahren, die unsere chemische Industrie verbreitet in der dritten Welt, hingewiesen. »Wir wüßten gern genaueres über Tabletten, die in Europa verboten, an uns verschachert werden«, bekam sie zu hören. Nach Hause gekommen, schloß sie sich einem Netzwerk gegen die Bayer-Umweltgefahren an, das heute in mehr als 40 Ländern tätig ist. Sie wurde »kritische Aktionärin« und Mitbegründerin der »Koordination gegen Bayer-Gefahren« . Unerschrocken trat sie in Aktionärsversammlungen auf, eine kleine Pastorin vor 10 000 wohlbetuchten gefahrenblinden Leuten. Im Frühjahr 1988 entzog die Kirchenleitung der Rheinischen Kirche der Prophetin Friedel Geisler den Titel »Pastorin«, den man ihr elf Jahre zuvor mit der Ordination gegeben hatte. Angeblich soll ihr der Titel irrtümlich verliehen worden sein. Warum das jetzt auffiel, nachdem Frau Geisler vom Bayer-Konzern mehrfach angegriffen worden war, bleibt ein Geheimnis der Kirchenleitung. Hat der Weltkonzern direkt Einfluß genommen? Oder ist es nur die Angst der Kirche vor den Mächtigen in der Industrie, die sie schweigen heißt, wo Reden an der Zeit wäre? In einem Interview sagte Friedel Geisler: »Ich habe erfahren müssen, daß es zwei verschiedene Sachen sind, ob offizielle Papiere über multinationale Konzerne, über Bewahrung der Schöpfung oder über Südafrika etwas ganz allgemein sagen, oder ob kritische Christen ganz konkret und direkt mit Angaben von Gründen und Anklagen sich mit Konzernkritik befassen.«

In der Veranstaltung, die über die Gefahren chemischer Industrie aufklärte, wurde viel Unmut gegen die Kirche laut. Friedel Geisler sagte sinngemäß: »Warum starrt ihr immer nach oben, auf die Kirchenleitungen. Die Kirche – das sind doch wir!« Obwohl gedemütigt und unfair behandelt, verbreitete sie Mut und die Freude, die wir an Menschen entdecken, die etwas ganz und ohne Vorbehalte tun. Wie Hanna sang sie ein Loblied in rheinischer Prosa. Sie sagte nie »ich«, sondern immer »wir«; wie auch Hanna sich als Teil ihres Volkes versteht und von den Schwachen, den Armen, den Dürftigen singt.

L. S. Das Hanna-Lied fährt fort:

»*Laßt euer großes Rühmen und Trotzen, freches Reden gehe nicht aus eurem Munde; denn du, Gott, erkennst sie, und von dir werden Taten gewogen, der Bogen der Starken ist zerbrochen und die Schwachen sind umgürtet mit Stärke.*« Die Starken, die sich rühmen und freche Reden führen, sind in der Sprache der Bibel die politisch Mächtigen, denen die Macht zu Kopfe gestiegen ist, so daß sie rechtlos handeln. Wir können heute an die denken, die Tiefflüge anordnen ohne Rücksicht auf die Bevölkerung, die von der Gefahr einer dritten Nullösung faseln und die Meinung der Menschen in unserem Land verachten, die zu über 80% gegen weitere Aufrüstung, diesmal Modernisierung genannt, sind. Die frechen Reden, die Hanna erwähnt, können wir jeden Morgen in der Zeitung lesen. Hannas Lied gegen die Mächtigen – und ebenso Marias Magnifikat im Lukasevangelium – kehren die Macht um: die Macht der Weltherrscher ist nichts als freche Anmaßung. Begabt mit Gottes Kraft sagen diese politisch unbedeutenden Frauen den Oberpatriarchen das Ende ihrer menschenverachtenden Gewalt an. Hannas Lied spricht nun von der häßlichen Unterseite der patriarchalen Herrschaft, die immer auf ökonomischer Ausbeutung beruht; Gott wird dieses Unrecht beenden. *»Die da satt waren, müssen um Brot dienen, und die Hunger litten, hungert nicht mehr.«* Frauenunterdrückung, Weltmachtstreben und ökonomische Ausbeutung sind drei Seiten desselben Unrechtssystems. Dessen Gewalt richtet sich immer deutlicher gegen die Armen und unter ihnen auf die Ärmsten der Armen, nämlich die Frauen.

D. S. Seit Anfang der 80er Jahre gibt es ein neues amerikanisches Konzept, um den Krieg gegen den Kommunismus – wie alle Gegner der sogenannten freien Marktwirtschaft genannt werden, erfolgreicher zu führen, eine neue Strategie, die nicht mehr auf militärischen Sieg setzt, sondern die den Unterschied zwischen Krieg und Frieden aufhebt, zwischen Politik und Gewalt im sogenannten Low Intensity Warfare, der Kriegsführung auf niedrigem Niveau. Dieser Krieg der Reichen gegen die Armen wird heute z. B. in El Salvador ausprobiert. Er wird nicht erklärt und nicht gewonnen, er verewigt die militärisch abgesicherte Unterdrückung jeder Befreiungsbewegung. Wenn Landarbeiterinnen sich zu Kooperativen zusammenschließen, wenn Mütter für ein anderes Gesundheitssystem eintreten, wenn Katechetinnen und Pfarrer die Bibel mit den Augen der Unterdrückten lesen – und ich weiß nicht, wie man Hannas Lied anders lesen soll! – wenn Frauen ihre verschwundenen Angehörigen suchen, dann sind sie »subversiv« und werden mit dem »totalen Krieg an der sozialen Basis« überzogen. Streiks,

Flugblätter und Zusammenkünfte werden als Kriegstaten angesehen und entsprechend behandelt. »Geringe Intensität« bedeutet: klein halten, keine offene militärische Auseinandersetzung – und keine Öffentlichkeit. In den amerikanischen Geheimpapieren, die vor kurzem von Ulrich Duchrow u. a. veröffentlicht wurden[7], stehen die auf die nordamerikanische (und insofern auch unsere) Öffentlichkeit bezogenen Sätze: »Öffentliche Unterstützung ist nicht absolut notwendig, aber es muß zumindest eine Art wohlwollender Gleichgültigkeit geben, vor allen Dingen bei den Massenmedien. Wenn der Krieg geringer Intensität (LIC) auf die untere Ebene von Gewalt begrenzt werden kann – mit sehr wenig Blutbädern für die Fernsehkameras –, wird möglicherweise öffentliche Unterstützung und mindestens wohlwollende Indifferenz entstehen.« Mit anderen Worten: Wenn in einem kleinen Dorf nur einige, 12 oder 15 Frauen und Männer mitgenommen, gefoltert, vergewaltigt und ermordet werden, ohne daß es in die 18-Uhr-Nachrichten des amerikanischen Fernsehens kommt, dann ist schon ein Kriegsziel erreicht – und das geht uns hier genauso an: Indifferenz, Gleichgültigkeit, Vergessen der Opfer ist notwendig für diesen totalen Krieg gegen die Armen, der auch eine psychologische Ebene hat. Mit allen Mitteln sollen auch die Herzen und Köpfe der Menschen in den reichen Ländern für diesen Krieg gegen den Kommunismus gewonnen werden. Darin spielt das Christentum und die Kirchen eine wichtige Rolle. Die Theologie der Befreiung, die wir hier auf dem Kirchentag für uns Frauen und Männer der reichen Welt zu entwickeln versuchen, muß ausgerottet werden und deswegen mußten vier amerikanischen Nonnen in El Salvador ermordet werden, ein Erzbischof während er die Messe las erschossen werden und viele, viele andere Christinnen und Christen wurden Märtyrer. Wir bewegen uns hier nicht in einem Schonraum religiöser Harmlosigkeiten. Auch bei uns versucht man, die Befreiungstheologie, sei sie feministisch oder von den Ärmsten ausgehend, gesellschaftlich zu ächten. Das sind die Folgen des Antikommunismus, die jede Hanna oder Friedel, die hierzulande gegen die Gewalt von oben aufsteht, zu spüren bekommt.

Gebet

Öffne uns die Augen, Gott,
mach uns sehen
unsere Schwester Hanna
und Millionen hinter ihr:
gedemütigt, verlacht, betrogen um ihr Leben,
in Angst, in Geducktheit und verstummt.

Öffne uns die Augen, Gott,
mach uns sehen
unsere Schwester Hanna
und die vielen hinter ihr:
fröhlich und gewiß, Leben gebend und lebendig geworden
in der Arbeit der Befreiung.

Öffne uns die Augen, Gott,
mach uns alle sehen, die aufstehen,
laß uns hören die, die singen,
und sie finden auf den Straßen unserer Stadt,
Hanna finden auch in uns.

L. S. Der letzte Teil des Hannaliedes besingt noch einmal die Befreiung der Armen, der Frauen und des Volkes durch Gott, dessen Heiligkeit sich mit den Menschen verbündet, die unterdrückt werden.

»Die Unfruchtbare hat sieben geboren, und die
viele Kinder hatte, welkt dahin.
Gott tötet und macht lebendig,
führt hinab zu den Toten und wieder hinauf.
Gott macht arm und macht reich,
erniedrigt und erhöht.
Gott hebt auf die Dürftigen aus dem Staub
und erhöht die Armen aus der Asche,
daß er sie setze unter die Vornehmen
und den Thron der Ehre erben lasse.«

Es gibt die prophetische Verkündigung des Gottesrechtes gegen das Menschenunrecht. Menschen geben den Mächtigen die Macht, statt ihnen zu widersprechen. Menschen, gerade auch Frauen, ducken sich, denken zu klein von sich, trauen sich nichts zu, weil sie Gott nicht trauen. Gott hat ein anderes Recht, singt Hanna. Gott macht die Unfruchtbare zur Prophetin und gibt ihr Kinder, an denen das Volk die Nähe Gottes erkennt. Gott schweigt nicht zum Unrecht der Herren der Welt und nicht zum Elend der Hungerländer und der immer größer werdenden Zahl der Armen in unserem reichen Land Bundesrepublik. Gottes Recht und die Realität unserer Gesellschaft stehen in einem scharfen Gegensatz. Gott zieht uns hinein in den Prozeß der Befreiung wie er es bei Hanna tat.

Hanna vergewissert sich am Schluß ihres Liedes der Grundlage ihrer Kraft, sie spricht von dem Boden, auf dem ihre Füße stehen:

»Denn der Welt Grundfesten sind Gottes, und Gott hat die Erde darauf gesetzt. Gott wird behüten die Füße der Heiligen.«

Die Erde ist nicht ein im Weltall dem Untergang zutrudelnder Zufall, der demnächst durch die Ozonvernichtung für Menschen unbewohnbar wird. Die Erde ist von Gott gemacht, sie ist Gottes Schöpfung und sie soll neue Schöpfung werden. Unsere Füße stehen auf festem Grund. Mitten in der menschengemachten Zerstörung sehen wir die Zeichen der neuen Schöpfung, mit denen Gott uns glücklich und stark macht. Das ist der wunderbare Geruch neugeborener Kinder, das ist der Duft der Rosen im Sommer. Wir können um uns herum die Zeichen der Heiligkeit Gottes erkennen, die sich mit den gedemütigten Menschen verbündet hat.

Wie Peninna sind wir Frauen oft Mittäterinnen und wie Hanna können wir Prophetinnen werden, wenn wir merken, daß Gott die Erde in seiner Hand hält, das wir festen Boden unter den Füßen haben und Gott die Füße der Heiligen behütet.

Hanna hatte geschwiegen, als man ihr Unrecht tat. Sie hatte schweigend ihr Elend in sich hineingefressen. Elkana hatte ihr nicht helfen können. Wie oft denke ich: Es hat ja doch keinen Zweck, sich zu wehren. Die Patriarchen da oben – auch da oben in der Kirche – geben den Frauen keinen Raum und sagen noch, wir wären selber schuld.

Sie isolieren uns in viele kleine gedemütigte Hannas und sagen noch, wir seien isoliert und deshalb unwichtig. Wie oft denke ich, halt deinen Mund, es hat ja doch keinen Zweck.

Hanna weinte und schwieg.

Eines Tages begann ihre Verwandlung. Sie begann zu beten. Erst hat sie nur geflüstert mit Gott und hat ihm ihr Elend erzählt. Es ist wichtig, daß wir uns den Spielraum erlauben, erst einmal nur zu flüstern. Wir sind nicht als Heldinnen geboren und schon gar nicht dazu erzogen. Mit Gott zu flüstern über die erfahrenen Gemeinheiten ist ein wichtiger Schritt. Ich flüstere nachts mit Gott und beschwere mich bei Gott über das Unrecht, das ich nicht mehr ertrage. Ich ertrage die westlichen Unbelehrbaren nicht mehr, die auf weiterer atomarer Aufrüstung bestehen. Ich ertrage die Verlogenheit einer Gesellschaft nicht mehr, die Frauen mit 15 Millionen Werbegeldern zum Kinderkriegen verlocken will und denselben Kindern keinen Kindergartenplatz und keine Luft zum Atmen läßt, ihnen die Lebensmittel und das Wasser vergiftet.

Ich flüstere nachts mit Gott, wenn ich mich über die patriarchalen Strukturen in unserer Kirche ärgere und denke, es hat ja doch keinen Zweck. Die da oben werden immer so weiter machen wie bisher, auch wenn sich die Kirche unter ihren leitenden Händen schon in Luft aufgelöst hat!

Erst einmal muß ich flüstern.

Gott sagt denen, die nachts mit ihm flüstern: du kannst den Mund aufmachen. Hanna hat sich zur Prophetin verwandelt. Mit dem dreijährigen Samuel an der Hand hat sie mitten im Heiligtum das Recht Gottes verkündet.

D. S. Denkt nicht: Auf uns kommt es nicht an. Es hat Sinn, wie Hanna öffentlich Unrecht beim Namen zu nennen und von Gottes Gerechtigkeit zu sprechen. Es hat einen Zweck, daß wir kleinen Frauen und Männer uns ein Herz fassen, unser Haupt aufrichten und wie Hanna laut sagen, was wir sehen.

Hanna hatte einen gerecht denkenden Mann, Elkana hielt zu ihr auch im Unglück. Aber sie brauchte Gottes Hilfe, so wie auch wir. Die Resignation, die Verzweiflung schlagen sonst über uns zusammen. Wenn wir anfangen zu flüstern, dann wird das gemeinsame Hanna-Geschrei bald immer lauter. Es ist ein großes Glück, gemeinsam zu schreien!

Gott tut unsere Augen auf und sagt uns:
Stimmt ja gar nicht, daß du ganz allein bist!
Stimmt ja gar nicht, daß das Recht der Menschen auf Arbeit und Gesundheitsversorgung nur eine Privatsache ist!
Stimmt ja gar nicht, daß die Kirche nur »die da oben« sind!
Auch deine Füße stehen auf Gottes Boden.

Ich wundere mich manchmal, warum die Bibel so viel von den Füßen spricht. Gott leitet unsere Füße auf dem Weg zum Frieden, Gott behütet die Füße seiner Heiligen. Ein Freund von mir, der in der amerikanischen Widerstandsbewegung arbeitet, Daniel Berrigan, wurde einmal gefragt, wo denn die Hoffnung sei angesichts des Herodes' im Pentagon. Er sah auf den Boden und sagte: sie sitzt in deinen Füßen.

Es gibt keinen Weg zur Befreiung, die Befreiung ist der Weg.

Machen wir uns auf den Weg.

Anmerkungen

1. PR 43, 181b vgl. Louis Ginzberg, The Legends of the Jews, Bd. 4, Philadelphia 1913, 58 (mit Anm. 7).
2. S. z. B. Paul Riessler, Altjüdisches Schrifttum außerhalb der Bibel, Heidelberg 1928 (u. ö.), 838.
3. S. Angelika Schmidt-Biesalski, Auf Wunsch auch Wunderkinder. Die neue Schwangerschaft (NDR II, 19. 3. 1989).
4. A. a. O., siehe Anm. 2.

5. b Meg 14a, vgl. Roland Gradwohl, Bibelauslegungen aus jüdischen Quellen, Bd. 2, Stuttgart 1987, 87.
6. Gradwohl, a. a. O. (s. Anm. 5).
7. Ulrich Duchrow, Gert Eisenbürger, Jochen Hippler, Totaler Krieg gegen die Armen, München 1989.

Luise Schottroff

Segen

Gottes Segen ist das Wasser,
das uns fruchtbar macht.

Gottes Segen ist die Sonne,
die uns wachsen läßt.

Wir waren traurig und verdorrt,
Unfruchtbar und resigniert.

Wir werden mutig und lebendig,
In uns wächst die Lebenslust.

Gottes Segen ist das Wasser,
das uns fruchtbar macht.

LUISE SCHOTTROFF
»Selig die Trauernden...«

Als junge Frau habe ich meinen ersten Mann verloren. Er starb mit 26 Jahren an Krebs. Zwei Jahre lang hat die Krankheit ihn mit Fieber, Erbrechen und endlosen Schmerzen gequält. Wir hatten uns zusammengefunden mit begeisterten Hoffnungen für unsere gemeinsame Zukunft. Wir hatten begonnen, miteinander wissenschaftlich zu arbeiten. Wir waren tief verbunden, überzeugt, daß einer ohne den anderen nicht leben wollte. Ich stand an seinem Krankenbett voller Entsetzen über sein Leiden und ungläubig gegenüber meiner eigenen Gesundheit. Ich wußte während der Krankheitsjahre, daß er sterben würde, und fühlte, daß mein Leben auch zu Ende ging. Ich hatte keine Zukunft mehr vor Augen. Mein kranker Freund hat mir voller Zärtlichkeit gesagt, daß er froh darüber sei, daß ich weiterleben werde. Er wollte, ich solle glücklich leben. Erst nach seinem Tod habe ich ganz langsam begriffen, welches große Geschenk er mir gemacht hatte. Irgendwann habe ich es gelernt, weiterzuleben, aber dieses Leben war anders als damals in jungen und noch unbeschädigten Jahren: Ich hatte weniger Todesfurcht, ich lebte ein geschenktes Leben, mit dem ich gar nicht mehr gerechnet hatte. Mein toter Freund begleitet mich und gehört zu meinem Leben. Er gibt mir Wärme und Stärke. Das hat sich nicht geändert, als ich mit meinem jetzigen Mann eine Verbindung einging. Mein jetziger Mann teilt meine Trauer, die nach vielen Jahren immer noch in mir lebt, und wir teilen die Kraft, die aus der Trauer kommt.

Diese Erfahrung hat mir geholfen, manche Gedanken der biblischen Tradition zu verstehen. Da wird immer wieder behauptet, Glaube und Erinnerung gehörten eng zusammen. Die Glaubenden erinnern sich an die Geschichte ihrer Mütter und Väter, an ihre guten Erfahrungen mit dem Gott, der sie bei dem Auszug aus der Sklaverei im alten Ägypten beschützt hat.

Das christliche Abendmahl ist ein Erinnerungsfest an den Tod Jesu: »dieses tut, so oft ihr trinkt, zu meinem Gedächtnis . . .« (1. Kor 11,25). Die Trauer um den Verlust des Menschen Jesus hat seine Anhängerinnen und Anhänger verwandelt. Nach seinem Tod waren sie verzweifelt und mutlos, wie die Evangelien erzählen. Sie konnten zwar sehen, daß Jesu Grab leer war, aber das bedeutete nichts. Sie hatten keine Hoffnung mehr, daß die Visionen Jesu und seine Taten der Gerechtigkeit noch eine Bedeutung hätten. Erst langsam haben sie – zuerst die Frauen, später dann auch die Männer – begriffen, daß Jesu Tod nicht das Ende war. Sie haben weiter getrauert, aber ihre Erinnerung an den Tod Jesu, die sie im Abendmahl sogar gefeiert haben, hat sie verwandelt. Sie wußten, daß Jesus bei ihnen ist und daß sie seine Visionen und seine Gerechtigkeitstaten weitertragen könnten. Und das haben sie mit solcher Kraft getan, daß ein römischer Schriftsteller (Tacitus), der aus der Ferne über dieses Geschehen berichtet, voller Erstaunen sagt, nach Jesu Hinrichtung durch Pontius Pilatus habe sich seine Anhängerschaft von neuem ausgebreitet und nun sogar in Rom. Im Glauben daran, daß Jesus auferstanden ist, wird der Tod nicht ungeschehen gemacht, sondern der Tod in Leben verwandelt, die Trauer zur Stärke und zum Glück.

Die Sehnsucht nach einer heilen Welt sitzt auch in mir. »Glück« – das Wort hat einen Widerhaken. Eigentlich will ich unbeschädigtes Glück haben. Die Mutter eines neunjährigen Jungen erzählte mir, ihr Sohn habe glückliche Augen bekommen, als er die Walzermelodie von der »schönen, blauen Donau« hörte, und gesagt: »Diese Musik ist schön, da muß ich nicht immer an Atom und diese Sachen denken.« Ich kann dieses Kind verstehen. Immer wieder beobachtete ich meine Suche nach der heilen Welt. Vor meinem Fenster glüht ein herbstlicher Baum in einem Gelb, das so schön ist, wie eigentlich nur das Paradies sein kann. Auf meiner Fensterbank steht eine der letzten Rosen dieses Herbstes. Sie entfaltet sich makellos, ich kann in sie hineinsehen, als sei sie endlos tief. Ihr Duft verzaubert mich und meinen Besuch. Will ich daran denken müssen, daß die Bäume sterben und der Chemieschmutz aus dicken Rohren in die Flüsse schäumt? Ich kämpfe mit meiner Flucht in die heile Welt. Ich will Trauer und Glück sauber getrennt wissen. Die Trauer soll aufhören, nicht in meinem Zimmer sein, nur das Glück will ich sehen, mir eine heile Welt zaubern.

»Selig die Trauernden, denn sie werden getröstet werden«, sagt eine der Seligpreisungen der Bergpredigt Jesu (Mt 5,4). Das jüdische Volk zur Zeit Jesu lebte mit Trauer und Weinen. Ein Volk hat getrauert um die Menschen, die der Hunger und die Armutskrankheiten getötet haben. Das Volk hat getrauert über die gekreuzigten Frauen und Männer, die Roms Statthalter zur öffentlichen Abschreckung hinrichten ließ. Das Volk trauerte, weil der Hunger und die politische Ohnmacht auch das Angesicht Gottes verschwinden ließ. Die Hungernden können Gott nicht loben. Ich kann Gott nicht loben, wenn ich im Meer bade und mich vor den seifigen, rotbraunen Algen ekele, die unsere Industrieabfälle und unsere Waschmaschinen wuchern lassen. Das Glück ist Illusion, meine Trauer ist schwarz und trostlos. Vielleicht werden die 96 Cruise Missiles im Hunsrück tatsächlich eines Tages verschrottet, nur kommen dann andere, noch schlimmere Raketen in ihre modernst ausgestatteten Bunker. Die Seligpreisung der Trauernden vertröstet die Trauernden nicht auf einen späten, himmlischen Trost, sondern spricht ihnen in ihrer Trostlosigkeit die Fähigkeit zum Glück zu: »Selig die Trauernden, denn sie werden getröstet werden.« Der erhoffte neue Himmel und die neue Erde voller Gerechtigkeit, Frieden und Gotteslob erfüllen die Trauernden jetzt schon mit Glück und Stärke. Aus der Trauer können sie nicht heraus, aber das Jesuswort zeigt ihnen, daß Gott ihnen nicht eine aussichtslose und trostlose Trauer auflegt, sondern will, daß sie in ihrer Trauer die Augen öffnen und sich aufrichten. Ich kann die Trauer an mich heranlassen und trotzdem das große Glück des herbstlichen Baumes sehen, denn ich habe Grund zur Hoffnung. Ich weiß, daß die Zerstörung der Schöpfung – der Menschen, des Wassers, der Bäume, der Luft – in Riesenschritten voranschreitet, ich bin angefüllt mit Trauer, aber nicht mit Trostlosigkeit.

Fromme Sprüche von der Hoffnung, die Gott gibt, kann ich in meiner Trauer nicht ertragen. Sie sind mir noch unerträglicher als meine eigenen Fluchtversuche in Illusion und Heile-Welt-Inseln. Sie sind mir so unerträglich, weil ich sie als Blasphemie – Gotteslästerung – und Verhöhnung meiner Trauer und Angst empfinde. Fromme Sprüche nenne ich theologisches Reden, das tatenlos bleibt und keine Solidarität mit den Opfern der Zerstörung erkennen läßt. Fromme Sprüche nenne ich theologisches Reden, das die Redner nichts kostet. Denn die Wahrheit über unsere Trauer und über Gott ist in unserer Bundesrepublik nicht leicht und billig zu haben. Die Lüge und die Skrupellosigkeit vergiften unseren Alltag, unsere Politik, unsere wirtschaftliche Produktion. Wer trauert, kann die frommen Sprüche vom *wahren* Trost und der *wahren* Hoffnung sofort unterscheiden. Wer trauert, erkennt den Trost an der Veränderung: die Füße sind nicht schwer, und die Lust am Leben blüht auf.

Erfahrungen des Trostes, die die Füße leicht machen, sind kostbare Geschenke. Ich habe erlebt, daß Tote mich trösten. Mein toter Freund hat mich getröstet. Und der vor 2000 Jahren gestorbene Jesus verwandelt meine Trostlosigkeit über die Zerstörung der Welt in eine wütende, lebendige und hoffnungsvolle Trauer. Es ist einfach nicht wahr, daß ich geduckt und in Angst um die nächste Generation die Katastrophenmeldungen abwarten muß. Da sind auch viele andere Menschen, die nur darauf warten, das Lebenszeichen Jesu zu spüren, und sich an die Arbeit machen, einer todessüchtigen Gesellschaft öffentliche Alternativen vorzuleben und die Wahrheit auszusprechen. Ich habe auch die Erfahrung, daß Lebende mich trösten. Es lohnt sich, sich hinzusetzen und an die Menschen zu denken, die unsere Füße leicht gemacht haben. Keine solidarische Frau und keinen solidarischen Mann will ich im Wust meiner Trostlosigkeit vergessen. Ich erinnere mich an zärtliche Berührungen, als ich verzweifelt war, und an deutliche öffentliche

Worte, wenn ich mich von Verleumdung bedrückt fühlte. Es lohnt sich, sich genau und ausführlich an die Lebenden zu erinnern, deren Trost uns aufgerichtet hat. Ich habe auch die Erfahrung, daß Gott mich tröstet. Angesichts der Gewalt der tödlichen Riesenapparate, mit denen Industrie und Rüstung das Land verwüsten, ist die Lebenskraft menschlicher Leiber so winzig. Ich vertraue darauf, daß die Mütter und Väter, deren Glaubenskraft mir vererbt wurde, Recht behalten, daß die Kraft Gottes größer ist als die der todessüchtigen Menschen.

Die wunderbare Sprache des heiligen Buches des jüdischen Volkes, das wir Christinnen und Christen mitbenutzen, beschreibt die Verwandlung der Trostlosigkeit durch einen Gottesboten: »Der Geist Gottes ruht auf mir, weil mich Gott gesalbt hat; er hat mich gesandt, den Armen frohe Botschaft zu bringen; zu heilen, die zerbrochenen Herzens sind, den Gefangenen Befreiung zu verkünden und denen Gebundenen Lösung der Bande, auszurufen ein Gnadenjahr des Herrn und einen Tag des Gerichtes unseres Gottes, da alle Trauernden getröstet werden, da ihnen ein Kopfschmuck gegeben wird statt Asche, Freudenöl statt der Trauerhülle, Lobgesang statt verzagenden Geistes, da man sie nennt ›Terebinthen der Gerechtigkeit‹, ›Pflanzung Gottes‹, Gott zur Verherrlichung« (Jesaja 61,1–3). Deutsche Menchen haben jüdische Menschen in Europa vernichtet. Das deutsche Volk war danach unfähig, zu trauern über die eigenen Mordtaten. Die Trauer steht immer noch aus. Erst jetzt kommt sie langsam in Gang, wo die unmittelbare Tätergeneration alt geworden ist. Unsere theologische Sprache ist immer noch angefüllt mit Judenverachtung. Zur Trauer gehört Mut. Den Mut zur Trauer gibt es im deutschen Volk bisher nur vereinzelt. Trauer ist zugleich ein ganz privates Geschehen und ein notwendig öffentliches. Die Trauer über unsere deutschen Mordtaten muß in die Öffentlichkeit, und sie muß Konsequenzen haben – auch für die Theologie. Dann gilt auch uns wieder die Verheißung an das jüdische Volk, daß in Deutschland »Terebinthen der Gerechtigkeit« wachsen können.

Die Trauer über den Verlust des geliebten Freundes und die Trauer des Volkes über die Brutalität der eigenen Geschichte und der wirtschaftlichen Produktion empfangen das Geschenk ihrer Veränderung aus derselben Quelle. Es ist gut, diese Quelle des Trostes Gott zu nennen. Denn es gibt keinen besseren Namen dafür, daß die Ungerechtigkeit und die Mordlust der Menschen Grenzen haben. Es gibt kein besseres Wort dafür, auszudrücken, daß es das Geschenk der Kraft und des Glücks gibt, während wir weinen und trauern.

DOROTHEE SÖLLE
». . . die schreien nach Frieden und Gerechtigkeit«*

In den Kirchen beten wir oft das Vaterunser, und da heißt es: »Vergib uns unsere Schuld, wie auch wir vergeben unseren Schuldigern.« Aber – wir vergeben ihnen nicht! Wir denken gar nicht daran. Wir beuten sie weiter aus. Wir quatschen nur, wir beten nicht! Es handelt sich gar nicht um das, was in der Bitte des Vaterunsers gemeint ist, wir erlassen den Schuldigern die Schuld nicht, sondern erdrosseln die Schuldner und ihre Kinder, auch die noch nicht geborenen Kinder. Ich möchte zu der wirtschaftlichen Analyse, die die Ungerechtigkeit im Weltwirtschaftssystem zementiert, ein kleines Stück politisch-militärische Analyse hinzufügen. Denn als Christen müssen wir wissen, was unter uns vor sich geht und die Menschen in der dritten Welt betrifft.

Seit Anfang der 80er Jahre gibt es eine neue militärische Strategie der USA. Diese Strategie heißt »Krieg geringer Intensität« oder »low intensity warfare« oder manchmal auch »low intensity conflict« – LIC. Diese Art von Krieg wird als das wichtigste Szenario angesehen, um jeden Versuch der Völker, sich aus dem Wirtschaftssystem der Ausplünderung und der Unterdrückung zu befreien, von vornherein zu unterdrücken. Was damit gemeint ist, ist ein Krieg, der nicht mehr anfängt und auch nicht aufhört, der nicht erklärt wird, der immer weitergehen kann, weil er auf einer Durchmilitarisierung des ganzen Lebens beruht. Dieser Low Intensitiy Conflict hat sehr viele abgestufte Gesichter. Das geht z. B. so vor sich:

In einem kleinen Dorf haben sich Leute zusammengeschlossen, um eine Landreform in einem beschränkten Gebiet zu versuchen. Plötzlich verschwinden die lokalen Führer, es kön-

* Beitrag auf dem Lateinamerika-Forum.

nen Gewerkschafter sein, eine Lehrerin oder auch ein Priester. Oder sie werden bedroht und terrorisiert. Die Soldaten kommen in ihren Ort, befehlen ihnen, das Militär in jeder Weise zu unterstützen, z. B. Patrouillen zu stellen. Ich habe hier einen Augenzeugenbericht von Bauern aus Guatemala, den ich aus einer katholischen Zeitung in USA übersetze:

»Die Armee zwingt uns, Patrouillen zu machen, und wir wollen das nicht mehr. (Gemeint sind: zivile paramilitärische Rundgänge und Wachen.) Wenn wir es ablehnen, bedrohen sie uns mit dem Tod! Wir müssen jeweils ein oder zwei Tage durcharbeiten, und es hält uns davon ab, mit unserer Arbeit unsere Familien zu unterstützen, die sehr arm und hungrig sind. Sie zwingen uns, Feuerholz für sie zu suchen und Steine für ihre Häuser zu sammeln. Alle Männer zwischen 15 und 80 haben das zu tun. Wenn wir für einige Monate zur Küste gehen, um auf den Farmen zu arbeiten und etwas Geld zu verdienen, müssen wir jemand anders bezahlen, der unsere Schicht leistet. So kommen wir niemals voran. Sie beschuldigen uns, Guerilleros zu sein, wenn wir es nicht tun. Sie zwingen uns in die Berge zu gehen und nach den Guerilleros zu suchen. Vor sechs Jahren wurden die Patrouillen begründet, und jedes Jahr am Jahrestag müssen wir der Armee Geld geben und eine Feier veranstalten und Lieder singen. Falls wir über unsere Menschenrechte reden, sagen sie, wir sind Terroristen.«

Amilkar Mendez, Coordinator einer Menschenrechtsorganisation für diese zu Patrouillen Gezwungenen, sagt: »Wir versuchen ihnen die Stärke und Solidarität zu geben, um den Patrouillen zu widerstehen. Hier in Guatemala ist es gefährlich für uns; die Wahrheit zu sagen, ist ein Verbrechen. Als ein Latino und als Christ bin ich tief betroffen über das, was die Menschen in den Hunderten von Jahren, seit die Spanier ankamen, erlitten haben. Wir brauchen internationale Solidarität wegen der Gefahr, in der wir leben ...« (Catholic Worker, Januar 1989).

Dieser Krieg »geringer Intensität« verzichtet auf die große militärischen Auseinandersetzung und versucht jede Bewegung der Freiheit zu ersticken. Es ist nicht notwendig, amerikanische Truppen in ein Land zu schicken, der große Aufmarsch entfällt, ebenso die Kriegserklärung. Man schickt nur permanente militärische und zivile »Berater«, Psychologen und Wirtschaftsfachleute, die eine Zuckerbrot-und-Peitsche-Politik betreiben. Das Ziel ist, so wenig wie möglich militärisch einzugreifen; die begrenzte Anwendung militärischer Gewalt gehört zu dieser Aufstandsbekämpfung oder »counter insurgency«.

Wer sind die Opfer dieser Auseinandersetzung? Die Opfer sind alle die, die unter der globalen Militarisierung ihres Dorfes, ihrer Felder, ihres Lebens leiden. Sie werden als »subversiv« gekennzeichnet. Subversiv sind auch alle die, die mit großen Organisationen, die sich zum Ziel gesetzt haben, den Armen zu helfen, zusammenarbeiten, wie »amnesty international«, »Brot für die Welt«, »Misereor«. Sie werden in den amerikanischen Geheimpapieren, die vor kurzem auch bei uns veröffentlicht worden sind – in dem wichtigen Buch von Ulrich Duchrow und anderen mit dem Titel »Totaler Krieg gegen die Armen« (München 1989) – als subversiv und als Terroristen angesehen. Jeder, der mit der Weltwirtschaftsordnung des Kapitalismus nicht einverstanden ist, gilt als subsersiv und muß deswegen bekämpft werden. Er oder sie wird isoliert, sie werden bedroht, ein paar Leute im Dorf verschwinden; Landarbeiterorganisatoren werden plötzlich tot aufgefunden, die Frauen werden vergewaltigt. Das ist die blutige und bittere Realität dieses Krieges, der immer mehr zum herrschenden Krieg wird, d. h. zu dem Szenario, auf das sich das Pentagon spezialisiert. Die führenden Militärs in den USA sagen heute ganz deutlich: »Wir befinden uns bereits im III. Weltkrieg!«, es ist der »totale Krieg gegen die Armen«. Das Ziel der Reichen ist, ihren Reichtum zu behalten, zu vergrößern; diesen Zustand, in dem wir jetzt leben, zu verewigen, und das alles auf Kosten der Armen.

In diesem Zusammenhang habe ich zwei Fragen:
● Was ist die Rolle der Westeuropäer?
● Welches ist die Rolle der Kirchen?

Westeuropa soll zu diesem großen Plan zustimmen und im Sinne der Counterinsurgency mitarbeiten. Die BRD ist ein gutes Beispiel dafür: Wir helfen Nicaragua *nicht*. Die Millionen Entwicklungshilfe, die Nicaragua vor Jahren versprochen worden sind, wurden nie ausgezahlt; statt dessen unterstützen wir in El Salvador Wirtschaftsprojekte der reichen Kaffeeplantagenbesitzer, die das Land beherrschen, und in Guatemala die Ausbildung der Polizei. Das heißt, daß die Polizei mit Tränengas, Knüppeln und anderen Methoden so gut wird, wie die deutsche. Das ist eine Leistung, die dieser Krieg von uns verlangt; eine andere ist die psychologische Ebene, deren Bedeutung immer größer wird. Psychologische Ebene bedeutet Desinformation, Lügen, Irreführung. Und auf dieser Ebene sollen wir mitmachen.

Die Internationale Gesellschaft für Menschenrechte (IGFM), die mit zur Desinformation beiträgt, versucht systematisch, alle Befreiungskämpfer zu verleumden, sie sind von einem blinden Antikommunismus beherrscht; alles, was nicht dem Kapitalismus dient, ist kommunistisch und muß ausgerottet werden. Das sind die Grundlagen der Weltanschauung des totalen Krieges.

Psychologie spielt, wie gesagt, eine große Rolle, weil insbesondere die amerikanischen Militärstrategen begriffen haben, daß sie einen großen und öffentlichen Krieg gegen ein Land in der dritten Welt nicht mehr führen können – das ist die Lehre von Vietnam. Durch den Vietnamkrieg haben die amerikanischen Militärs begriffen, daß sie einen Ausrottungskrieg gegen ein kleines Volk nicht mehr führen können, weil sie die Zustimmung des amerikanischen Volkes nicht gewinnen können. Wenn sie ein solches Land vernapalmen, wenn sie dessen Flüsse und Bäume mit »agent orange« besprühen, damit auch in der nächsten Generation dort nichts mehr wächst, wenn sie Städte und Dörfer bombardieren und Zivilisten ermorden, dann bekommen sie innerhalb der USA massive Opposition. Es gibt auch in den USA Christen, denkt daran! Es ist wichtig, mit ihnen Verbindung zu halten. Diese Christen kämpfen oft einen verzweifelten Kampf gegen ihr Regime, gegen diesen »low intensity conflict«. Wir haben es heute zum Beispiel auch der katholischen Kirche zu verdanken, daß Nicaragua bisher nicht überfallen wurde, daß man auf andere Methoden gesonnen hat.

Die Schwierigkeit, die dabei allerdings für die Strategen des Kriegs geringer Intensität entsteht, ist eine Schwierigkeit, die auch theologische Konsequenzen hat. Der Krieg geht auch um die Herzen und Köpfe. Damit bin ich bei meiner zweiten Frage: Auf welcher Seite dieses Kampfes steht die Kirche? Was ist ihre Rolle? Steht sie auf seiten der Armen – oder steht sie auf der Seite des immer militaristischer werdenden Kapitalismus?

Nun, die Antwort, die diese Militärstrategen geben, ist klar: Wir müssen die Kirche, sofern sie Befreiungstheologie betreibt, bekämpfen. Wir müssen versuchen, die Kirchen zu instrumentalisieren im Sinne eines privatistischen individualistischen Christentums: »Jesus liebt dich!« steht auf vielen Plakaten und Meinungsknöpfen. Diese Aussage stört niemanden. Es ist ja reizend von Jesus, daß er dich und dich und dich – und uns alle, aber einzeln liebt! Zunehmend versuchen die sogenannten Sekten, evangelikale Gruppen, die Christen von ihrem Gemeinschaftskampf, ihrem gemeinsamen Leiden zu entfremden und ihnen die kapitalistische Weisheit beizubringen, die darin besteht: Du kannst es schaffen! Wenn du ganz tüchtig bist – und nicht mehr trinkst und immer fleißig zur Arbeit gehst – dann kannst du es schaffen. Das ist der Jesus, der nach Lateinamerika importiert wird und mit großer finanzieller Unterstützung aus Nordamerika kommt, mit wunderbaren Lautverstärkern und Bands und vielen kleinen Gelegenheitsgeschenken und Bibeln, eine religiöse Verstärkung des Krieges gegen die Armen. Ihnen bringt man ein Christentum, das auf dem Individualismus beruht und mit der Befreiung des Volkes Gottes nichts zu tun hat. Der ideologische Teil dieses furchtbaren Krieges ist die Instrumentalisierung der christlichen Kirchen für diese Art von Kapitalismus, der auf dem nichtendenden Krieg beruht.

Deshalb ist es mein Wunsch, daß wir uns nicht einlullen

lassen von einer falschen, netten, süßen, individualistischen Frömmigkeit, die die soziale und ökonomische Analyse ausspart. Wir müssen hören lernen, was uns die Schwestern und Brüder aus der dritten Welt sagen, den Schrei der Hungernden sollen wir hören und bei uns verstärken, wo gerade wir leben; in unserer Gemeinde, in unserer Schule – oder wo immer wir sind. Wir können uns nicht mit diesem kleinkarierten Individual-Christentum begnügen. Es reicht nicht – und es ist nicht das, was Jesus gewollt hat.

Wenn wir unsere Bibeln aufschlagen, dann finden wir fast auf jeder Seite solche Worte wie »die Armen«, solche Worte wie »Gerechtigkeit«. Philip Potter hat mir erzählt, daß es eine neue Bibelübersetzung in den USA gibt, die auch hier erscheint, in der man versucht hat, das Wort GERECHTIGKEIT zu vermeiden, und statt dessen von Gottes Güte, Milde und Nettigkeit spricht. Damit nur ja niemand auf die Idee kommen soll, das hätte irgend etwas mit Hunger, mit sozialen Problemen, mit der ökonomischen Krise, mit der Schuldenlast und der Ausplünderung der Armen zu tun. Das sind Tricks, das Evangelium zu stehlen, es sind »BIBELDIEBE«, wie Thomas Müntzer vor 500 Jahren gesagt hat. Sie stehlen die Bibel, um sie für etwas ganz anderes zu benutzen, das dem Sinn des Glaubens widerspricht. »Laßt uns den Weg der Gerechtigkeit gehen«, heißt es in einem Lied, und das ist unser Weg.

Der Geist des Mutes kommt nicht aus dem Zählen von Waffen und Dollars. Wenn wir so zählen, sind wir verloren. Die anderen haben mehr – von allem! Von jeder Macht dieser Welt haben die anderen mehr! Sie haben die Macht des Geldes, also die weiße Gewalt, den weißen Terror der Verschuldung in ihren Händen und sie haben den blutroten Terror der Militarisierung und des Mordes. Was wir tun sollen, was wir dagegensetzen müssen ist Überzeugungsarbeit, in der wir immer wieder Insistieren auf dem, was Christus wirklich für uns bedeutet: der Christus der Armen, der Gekreuzigte, der Angenagelte, der Zu-Tode-Gehungerte, dem wir hier und heute begegnen.

Laßt uns auf seinem Weg weitergehen.

Laßt uns nicht irremachen!

Wir brauchen diesen konziliaren Prozeß und in ihm Gerechtigkeit als allererstes! Das heißt eine andere Weltwirtschaftsordnung als die, die unfähig ist, das Problem des Hungerns zu lösen. Billiger ist es leider nicht zu haben. Diese neue Gerechtigkeit braucht den Militarismus nicht mehr. Er ist überflüssig. Er muß ab- und wegmodernisiert werden. Es ist überflüssig, aufzurüsten: denn die Gerechtigkeit wächst durch ihn nicht. Wir müssen unsere Profite nicht beschützen durch die Aufrüstung. Diese Gerechtigkeit braucht auch nicht die Ausplünderung der Natur. Wir brauchen heute unser gesamte intellektuelle, geistige, finanzielle, erfinderische, produktive Macht – und unsere ganze spirituelle Kraft, diesen kleinen Planeten zu erhalten.

Gerechtigkeit, Frieden und die Bewahrung der Schöpfung gehören zusammen – und mitten unter uns entsteht eine Bewegung. Ob wir diese Bewegung »konziliarer Prozeß« nennen, nach Basel oder Seoul schauen, das ist nicht entscheidend, entscheidend ist, was hier bei uns vor Ort passiert und wie wir selber in diesen Prozeß wachsen.

Das bedeutet Christ werden!

LUISE SCHOTTROFF
Christus, der versuchte Bruder
HEBRÄERBRIEF 2,10–18

Der hier zu besprechende Text aus dem Hebräerbrief ist wie der ganze Hebräerbrief in einer abstrakten Sprache geschrieben. Ich lege zunächst einmal den Text vor, ohne ihn irgendwie zu modernisieren. Beim Lesen bitte ich Sie, sich zu überlegen, wo für Sie trotz der abstrakten Sprache Gedanken sichtbar werden, die das Herz erreichen, die Wärme ausstrahlen.

»*Denn es geziemte sich*, sagt der Hebräerbrief, *den, für den das All und durch den das All, da er viele Söhne zur Herrlichkeit führte, ihren Heilsführer durch Leiden zu vollenden. (Stammen) doch der, der (sie) heiligt, und die, die (von ihm) geheiligt werden, alle von Einem, weshalb er sich (auch) nicht schämt, sie Brüder zu nennen, indem er sagt: ›Ich will verkünden deinen Namen meinen Brüdern, inmitten der Gemeinde will ich dich preisen‹, und weiter, ›ich will mein Vertrauen auf ihn setzen; (und weiter) siehe, ich und die Kinder, die Gott mir gab‹. Da nun die Kinder an Blut und Fleisch teilhaben, so nahm auch er in gleicher Weise dieselben Dinge an, um durch (seinen) Tod den zu vernichten, der die Macht über den Tod hat, nämlich den Teufel, um alle die zu befreien, die mit (ihrer) Todesfurcht ihr ganzes Leben hindurch einer Sklaverei verfallen waren. Er nimmt sich ja doch nicht der Engel an, sondern ›des Samens Abrahams nimmt er sich an‹! Daher mußte er in allem den Brüdern gleich werden, damit er ein barmherziger und vor Gott getreuer Hoherpriester würde, um die Sünden des Volkes zu sühnen. Denn (nur) dadurch, daß er selbst Versuchungen (erduldend) gelitten hat, kann er denen helfen, die in Versuchungen sind.*«

Es ist eine reine Männerwelt und ein Männerhimmel, die hier sichtbar werden. Gott wird als All*herrscher* eingeführt: »für den das All und durch den das All«. Christus der »*Heilsführer*«

wie die Menschen sind Gottes *Söhne*. Deshalb heißt die Gemeinde eine Gemeinde von *Brüdern* und Same *Abrahams*. Christus wird Mensch, und das heißt: er wird den *Brüdern* gleich.

Es ist eine Männerwelt, die hier sichtbar wird. Hier reden Männer einer christlichen Gemeinde gegen Ende des 1. Jahrhunderts. Es sind gebildete Männer, sie kennen ihre Bibel und manche philosophischen Gedanken ihrer Zeit. Mir war der Hebräerbrief wegen seiner abstrakten Sprache lange Zeit fremd. Die Geschichten von Jesus, die die Evangelien erzählen, sind so konkret und verständlich: *sie* waren mir immer näher. Im Laufe der letzten 15 Jahre hat diese Fremdheit mich auch zunehmend inhaltlich – theologisch – irritiert. Diese Irritation mündet in die Frage: Haben wir hier eine Herrschaftstheologie vor uns? Mit »Herrschaftstheologie« meine ich ein Christentum, das ein hierarchisches Gebäude errichtet. Oben im Himmel ist Gott, der Vater und Herr. Und so, wie er über die Menschen herrscht, herrscht auch der König über das Volk und der Patriarch über die Frauen und Kinder. Die christliche Kirche hat eine lange Geschichte als Institution hierarchischer Herrschaft in der Gesellschaft.

Vor einiger Zeit war ich im Dom zu Fulda. Es war der Tag nach dem 2. Weihnachtstag, also Werktag nach einem kirchlichen Fest. Die Putzfrauen schoben Staubsauger durch die Kirche. Vor dem Altar sah man den Bischofsthron, vergoldetes Holz und roter Samt, etwas niedriger die Schemel für den rangmäßig unter dem Bischof, aber über der Gemeinde anzusiedelnden Klerus. Darüber stand an der Wand in großen Buchstaben: »Wir sind Söhne Gottes« – filii dei sumus. Wer sind das: die, die hier stolz von sich sagen: »Wir sind Söhne Gottes?« – doch wohl kaum die staubsaugerschiebenden Putzfrauen. Das ist eine Wahrnehmung von Herrschaftskirche, die sich auf die katholischen »Brüder« bezieht. Ich habe mit Absicht »Brüder« gesagt und nicht *Schwester*kirche. Aber der Protestantismus ist genau so tief verwurzelt in solcher Herrschaftstheologie und hierarchischer Praxis.

Ich will die Herrschaftstradition unserer Kirche und Theologie jetzt nicht weiter beschreiben. Es ist mir aber wichtig, deutlich zu machen, daß wir diese Seite unserer Tradition beim Namen nennen müssen und kritisch bearbeiten müssen, sonst verseucht uns diese Tradition unseren christlichen Glauben.

Es gibt ein erschütterndes Gedicht einer amerikanischen Frau über ihre Mutter, das zeigt, welche Zerstörungen Hierarchien an Frauen ausrichten. Es zeigt auch, wie Hierarchien den Frauen ihren christlichen Glauben vergiften können.

Das Gedicht stammt von 1982:

»Meine Mutter Maria war in vielerlei Hinsicht
wie die ursprüngliche Maria.
Als sie ein kleines Mädchen war
ließ sie es über sich ergehen, von ihrem Vater vergewaltigt zu werden.
Als sie verheiratet war, ließ sie es über sich ergehen, von meinem Vater geschlagen zu werden.
Als sie emotionale Probleme hatte, ließ sie die
Schockbehandlung ihres Psychiaters über sich ergehen.
Als sie physisch krank war, ließ sie die
Behandlung ihres Arztes über sich ergehen.
Nun ist sie tot – Ich hoffe, Gott ist kein Vater.
. . .
Maria starb im Jahre 1979, als sie 70 war.
Ich hielt ihre Hand und erzählte ihr, daß
sie frei sein würde,
wenn sie aufhören würde, die
Luft unseres Vaters zu atmen.
Ihr letzter Atemzug war ein langes Keuchen –
gefolgt von einem Ausdruck des Friedens.
Die Art, wie sie geschaut hatte, als sie mich wiegte.
Nun weiß sie, daß ihr Herz nicht lügt.
Sie ist unseren Vätern entkommen.
Bitte, Gott, laß es wahr sein.«[1]

Daß Frauen geschlagen werden, daß Männer unter Alkohol aggressiv werden, daß Mädchen in den Familien vergewaltigt werden, sind – wie wir in den letzten Jahren gelernt haben – Elendsverhältnisse, die es auch in den sogenannten besseren Kreisen gibt. Die Mutter Maria in diesem Gedicht leidet an der Brutalität unserer Gesellschaft. Ihr Leiden steht für die Leiden vieler Frauen und Männer. Wir leiden unter der Gewalttätigkeit der industriellen Großproduktion von Waffen und Energie. Seit Tschernobyl sind keine Illusionen mehr möglich. Die Bedrohung ist da, sie ist unbeherrschbar, sie vergiftet unseren Alltag. Wir alle leben mit dem Gefühl: Wann kommt die nächste Katastrophe, wen wird sie treffen? In unsere intimsten Bereiche hinein reicht die Angst vor der Zukunft. So wie die Mutter Maria in diesem Gedicht in ihrer Familie litt, so leidet heute jeder und jede auch am privaten Ort. Wer auch nur *ein* Kind liebt, leidet bei dem Gedanken, welche Zukunft meine Generation den Kindern bereitet hat.

Die Herrschaftskirche und die Herrschaftstheologie auch unserer protestantischen Tradition gehören mitten hinein in das strukturelle Geflecht von Brutalität, in dem wir leben und das so verhängnisartig erscheint und an dem auch ich mitwirke. Erst angesichts der gestorbenen Mutter findet die amerikanische Dichterin die Ruhe wieder. Sie erinnert sich an die Geborgenheit des Babys bei der Mutter und an Gott:

»*Die Art, wie sie geschaut hatte, als sie mich wiegte. Nun weiß sie, daß ihr Herz nicht lügt. Sie ist unseren Vätern entkommen. Bitte, Gott, laß es wahr sein.*«

Ich habe den Hebräerbrief lange verdächtigt, ein Baustein in dem Gebäude kirchlicher Hierarchie und gesellschaftlicher Brutalität zu sein. Heute sehe ich den Hebräerbrief anders. Ich sehe ihn anders, seit ich gelernt habe, ihn nicht als dogmatische Lehre zu verstehen, sondern als Ausdruck von Verzweiflung und Hoffnung. Ich weiß inzwischen einiges von den Menschen, die sich in diesem Text ausdrücken, für die er damals geschrieben war. Der Hebräerbrief ist ein Dokument aus einer Zeit des Christentums, in der die Gemeinden vom römischen Staat bedroht und verfolgt wurden. Die angeredete Gemeinde hat schon in der ersten Zeit ihres Bestehens Verfolgung erlitten:

einen Leidenskampf mit Beschimpfungen und öffentlichen Diskriminierungen. Gemeindeglieder waren im Gefängnis und andere haben sie ins Gefängnis begleitet (10,32f). Im frühen Christentum gab es eine intensive Solidaritätspraxis mit Gefangenen. Man bezahlte den Gefängniswärter dafür, und dann durften Gemeindevorsteher bei den Gefangenen im Gefängnis schlafen. Andere Christinnen und Christen gingen schon früh am Morgen vor das Gefängnis und brachten Essen und Liebe und Aufmerksamkeit mit. Unter den Gefangenen waren Frauen und bei den Betreuern der Gefangenen auch. Deshalb ergibt die Sprache des Hebräerbriefes ein schiefes Bild, weil sie den Eindruck erzeugt, in dieser Männerwelt gäbe es keine Frauen. Die Frauen werden in der patriarchalen Welt leicht übersehen, sie arbeiten ehrenamtlich, sind nicht so wichtig, sie stehen selten im Mittelpunkt. Aber sie sind für die Gemeinde mindestens ebenso wichtig wie die Männer.

Ich möchte eine Geschichte aus einer späteren Märtyrerlegende erzählen, um die Welt, aus der der Hebräerbrief kommt, anschaulich machen. Da wird berichtet von der Apostolin Thekla, einer Schülerin des Paulus. Auch sie wurde von der römischen Behörde ins Gefängnis gesperrt. Die Frauen und Männer des frühen Christentums waren für die harte römische Gesellschaft eine große Provokation. Die Gesellschaft war hierarchisch organisiert. Die christlichen Gemeinden versuchten, Hierarchien zu verhindern. Die römische Gesellschaft versuchte, durch die Gewöhnung der Bevölkerung an öffentliche Hinrichtungen ein Klima zu schaffen, das einschüchterte. Die Christen sagten laut: Diese Hinrichtungen sind Morde. Unser Gott hat uns verboten, dem schweigend zuzusehen. So kam auch Thekla ins Gefängnis und zur öffentlichen Hinrichtung in die Arena. In den Rängen saß eine Menge Volk und brüllte: Laßt die Tiere herein, wir wollen die Religionsschänderin Thekla sterben sehen. In den Rängen der Arena saß auch eine Gruppe christlicher Frauen. Sie riefen laut in die Arena: Es ist ein Schandurteil, die Stadt wird untergehen wegen dieses Unrechtes. Thekla wurde auf wunderbare Weise von einer

Löwin gegen einen Bären verteidigt. Dann brachte der Bär die Löwin um, und Theklas Tod schien unvermeidbar. Da haben die christlichen Frauen von den Rängen der Arena kosmetische Kräuter und Öle heruntergeworfen, so daß Thekla ganz umgeben war von Wohlgerüchen und Blumen[2]. Thekla ist durch die Solidarität ihrer Schwestern vom Tod errettet worden, denn der Statthalter Roms wurde nachdenklich und ließ sie aus der Arena holen.

Der Hebräerbrief setzt genau solche Verhältnisse voraus. Und weil die christlichen Männer und Frauen unter solch extremem Druck stehen, redet der Brief über Gott und Christus so, wie er es tut. Über Gott und Christus wird hier so geredet, daß beide als riesengroß erscheinen. Christus ist Erbe des Alls, Abglanz der Herrlichkeit Gottes. Er sitzt zur Rechten der Majestät in der Höhe und trägt einen überragenden Namen. Gott und Christus erscheinen als weltumspannende Herrscher, allmächtig, unerreichbar, unverletzbar. Und über denselben gottgleichen, mächtigen Christus wird gesagt, daß er das Schicksal der Menschen geteilt hat, und zwar das Elendsschicksal der verurteilten Gefangenen. Ihm erging es nicht anders als Thekla, wird gesagt. In dem heutigen Predigttext heißt es: *»(nur) dadurch, daß er selbst Versuchungen (erduldend) gelitten hat, kann er denen helfen, die in Versuchungen sind«.* Die Versuchungen sind Gethsemane: die Angst vor dem Tod, die Verzweiflung derer, die die Kreuzigung vor sich haben. In Gethsemane hat Jesus vor seinem Tod die Angst durchlitten und Gott seine Verzweiflung geklagt. In dem Jesus, der in Gethsemane schwitzt und klagt, erkennen sich die Frauen und Männer der Hebräergemeinden wieder. Auch sie haben Angst. Auch sie zweifeln daran, ob diese Konfrontation mit der staatlichen Gewalt notwendig ist, ob man sie nicht vermeiden kann. Sie sind wie Jesus keine Helden und Heldinnen, sondern voller Angst und Unsicherheit. Sie beziehen Mut und Hoffnung, wenn sie an den klagenden und verzweifelten Jesus denken. Sie erinnern sich an Jesus in Gethsemane: »er, *der in seinen Fleischestagen Bitten und Flehen dem, der ihn vom Tod retten* *konnte, unter lautem Geschrei und Tränen darbrachte«* – in großer Angst (5,7f).

Indem sie sich an das Verzweiflungsgeschrei Jesu erinnern, können auch sie anfangen zu klagen. Vorher gibt es für sie nur die Alternative: weglaufen, den Glauben aufgeben, sich in der Menge verstecken oder an der Todesangst kaputtgehen. Sich an Jesu Geschrei in Gethsemane zu erinnern, ist ein Weg, um selbst die Stimme zu erheben, um selbst trotz aller Angst sich nicht wie ein verschüchtertes Tier zu ducken oder zu verstekken, sondern das Leiden zu benennen und Gott zu klagen.

Ich glaube, daß auch in unseren Leiden die *Erinnerung an Gethsemane* einen Weg in die Zukunft eröffnet. Ich klage ganz laut darüber, wie ich leide an der Verseuchung unserer Welt, die für unsere Kinder und Enkel immer unbenutzbarer wird. Ich klage voller Verzweiflung darüber, daß wir das Wasser verschmutzen, so daß in absehbarer Zeit Trinkwasser zur Kostbarkeit werden wird. Ich will unser Leiden nicht mehr verdrängen.

Gott, ich klage Dir mein Leid, unser Leid, wir verbrauchen Deine Schöpfung wie eine Einwegflasche zum Wegwerfen. Wir sind ohnmächtig vor den sogenannten Sachzwängen des internationalen ökonomischen Wettbewerbs. Wir verraten unsere Kinder, weil unsere Politiker eine kurzfristige Politik machen. Wir sind verstrickt in das ökonomische Konkurrenzgeschäft und zerstören Deine Schöpfung. Das ist meine Klage hier und jetzt. Ich fühle mich ermutigt zur Klage durch die Erinnerung an die Klage Jesu in Gehtsemane. Ich fühle mich zur Klage ermutigt durch die Schwestern und Brüder damals in der Hebräergemeinde. Sie haben begonnen zu schreien: es ist Unrecht, was hier geschieht. Wegen dieses Unrechtes geht die Stadt zugrunde. Ich möchte Sie und mich zur Klage ermutigen, ermutigen zum befreienden Klagegeschrei in der Erinnerung an Jesu Geschrei in Gethsemane. Unser ganzer Wohlstand ist Staffage. Die Wahrheit ist, daß wir leiden. Ich lerne vom Hebräerbrief die Erinnerung an Jesu Geschrei. Klage ist eine elementare Äußerung des Glaubens. Wir klagen Gott unser

Leid. Er wird uns hören, denn er hat sein Kind mit uns verbunden. Christi Leiden, sein Mitleiden mit unserem Leiden, sein solidarisches Klagegeschrei ist für uns die *Gegenwart Gottes* auf dieser armseligen, vergifteten Erde. Der riesengroße Gott, von dem der Hebräerbrief redet, hat sich mit dem Elend der Leidenden solidarisch gemacht. Gott ist nicht mehr oben, er ist hier bei uns zwischen Autoabgasen und Waffenexport. Es gibt eine rabbinische Geschichte, die mit der Verschmitztheit, die sich oft in jüdischer Theologie findet, über Gott nachdenkt. Da wird erzählt, daß Gott im Himmel herumgeht und zu den Engeln sagt: Also ihr Lieben, ich gehe jetzt fort. Falls ihr mich in der nächsten Zeit suchen solltet, braucht ihr mich hier oben nicht zu suchen. Falls ihr mich sucht, sucht mich bei meinen Kindern – unten auf der Erde. Genau dieses sagt der heutige Predigttext: Wenn ihr Gott sucht, sucht ihn bei seinen Kindern. Er ist bei Jesus, der in Gethsemane schreit. Er ist bei uns, wenn wir aufhören, stumm zu leiden, wenn wir Gott unser Leid klagen. Er wird uns in seine Arme nehmen, wie die Mariamutter des Frauengedichtes ihr Baby in den Arm nahm. Er wird uns zu starken und mutigen Töchtern und Söhnen machen, die den Weg der Wahrheit finden.

Zum Schluß möchte ich den Hebräertext noch einmal wiederholen, aber in meiner eigenen Sprache, nicht mehr in der Patriarchensprache meiner ehrwürdigen christlichen Brüder in der alten Welt:

Gott, auf deine Macht vertrauen wir, du liebst die ganze Schöpfung. Du bist unser Vater und unsere Mutter, Christus ist dein Kind und wir sind deine Kinder. In deinem Namen, Gott, sind wir Geschwister Christi, des Menschen aus dem jüdischen Volk, den du neben dich gesetzt hast. In diesem einen Menschen hast du dich mit uns verbündet, bist du zu uns in diese vom Tod vergewaltigte Welt gekommen. Du befreist uns von der Macht des Todes. Du gibst uns die Stimme zum befreienden Klagegeschrei. Weil du unser Elend teilst, deswegen haben wir eine Stimme. Aus der Tiefe rufen wir, Gott, zu dir.

Wir richten uns auf, weil du uns hörst.

Anmerkungen

1. In: A. Dunde (Hg.), Katholisch und rebellisch, 205.
2. Zu der Thekla-Legende siehe in diesem Band auch den Text zu Mk 14,3–9, S. 142 ff.

MARKUS 14,3–9

3 *Und als er in Bethanien war im Hause Simons des Aussätzigen und saß zu Tisch, da kam eine Frau, die hatte ein Glas mit unverfälschtem und kostbarem Nardenöl, und sie zerbrach das Glas und goß es auf sein Haupt.*
4 *Da wurden einige unwillig und sprachen untereinander: Was soll diese Vergeudung des Salböls?*
5 *Man hätte dieses Öl für mehr als 300 Silbergroschen verkaufen können und das Geld den Armen geben. Und sie fuhren sie an.*
6 *Jesus aber sprach: Laßt sie in Frieden! Was betrübt ihr sie? Sie hat ein gutes Werk an mir getan.*
7 *Denn ihr habt allezeit Arme bei euch, und wenn ihr wollt, könnt ihr ihnen Gutes tun; mich aber habt ihr nicht allezeit.*
8 *Sie hat getan, was sie konnte; sie hat meinen Leib im voraus gesalbt für mein Begräbnis.*
9 *Wahrlich, ich sage euch: Wo das Evangelium gepredigt wird in aller Welt, da wird man auch das sagen zu ihrem Gedächtnis, was sie jetzt getan hat.*

LUISE SCHOTTROFF

»*Was sie tun konnte, hat sie getan*«
Die Salbung in Bethanien
MARKUS 14,3–9

Die Erzählung von der Salbung in Bethanien nach dem Markusevangelium (Mk 14,3–9) ist eine Geschichte von Verausgabung, von Luxus, von Übertreibung und von der Hellsichtigkeit solidarischer Liebe. Da die Parallelversionen in den verschiedenen Evangelien unterschiedlicher Akzente setzen, möchte ich mich hier auf Mk 14,3–9 beschränken.

Die Erzählung setzt mit einer Beschreibung der Situation ein: Jesus ist in Bethanien, einem Dorf, das durch ein Tal von Jerusalem getrennt ist. Er ist mit seinen Anhängern und Anhängerinnen von Galiläa nach Jerusalem gezogen. Er ist Messias und König des jüdischen Volkes – so die Vorstellung des Markusevangeliums –, der vom römischen Statthalter als politischer Unruhestifter in Jerusalem hingerichtet werden wird. Tagsüber tritt er im Tempel auf, nachts zieht er sich nach Bethanien zurück (s. Mk 11,1.11 u. ö.). Die Nächte in Bethanien sind Ruhepausen während seiner konfliktreichen und lebensgefährlichen Tage in Jerusalem. Der Tod am Kreuz der Römer ist voraussehbar. Einen dieser Bethanien-Abende verbringt er im Hause »Simons, des Aussätzigen« (Mk 14,3). Was mit diesem Beinamen ausgedrückt werden soll, ist nicht mehr zu erkennen[1]. Die Geschichte enthält mehrere nicht mehr klärbare Einzelheiten wie diese, die aber das Verständnis nicht behindern. Beim abendlichen Mahl »kam eine Frau« (Mk 14,3). Im Gegensatz zum Gastgeber Simon wird ihr Name nicht genannt, auch nicht, als im abschließenden prophetischen Wort Jesus weissagt, daß von ihrer Tat »zu ihrem Gedächtnis« bei der Ausbreitung des Heiles auf der ganzen Welt geredet werden würde. Diese Ungereimtheit kann z. B. darauf hindeuten, daß die Geschichte zuerst von Menschen erzählt wurde, denen noch selbstverständlich klar war, wer diese Frau war. In jedem Falle aber drückt die Namenlosigkeit dieser Frau, deren Name nach einem prophetischen Jesuswort zum heiligen Erinnerungsgut der Gottesgemeinde gehören sollte, sehr viel über Frauenrealität aus[2]. Selbst solch ein massives Jesuswort wie Mk 14,9, das ihre Namensnennung verlangt, hat ihre Namenlosigkeit nicht verhindern können. Erst in späteren Jahrhunderten wurde sie dann als Maria Magdalena und Dirne identifiziert, aber diese Identifizierung beruht auf nachträglicher Zusammenschau ursprünglich unterschiedlicher Gestalten und Geschichten (vor allem Lk 8,1–3; Mk 15,40–16,8 mit Parallelen; Mk 14,3–9 mit Parallelen). So ist ihre Namenlosigkeit heute zum Symbol für die Unsichtbarkeit und Verdrängung der Frauen in patriarchalen Gesellschaften geworden. Die Frau kann vielleicht nach der Vorstellung des Markusevangeliums eine der Frauen aus der Frauengruppe der Jüngerinnen Jesu sein, die seit Galiläa Jesu nachfolgt (Mk 15,40f.), aber deutlich gesagt wird das nicht. Ein Sachzusammenhang besteht in jedem Fall, denn es ist kein bedeutungsloser Zufall, daß sie und die Frauen aus Galiläa dem Körper Jesu durch Salböl Ehre erweisen oder erweisen wollen (Mk 16,1–8).

Die Frau zerbricht eine Alabasterflasche mit Parfümöl und gießt das Öl auf Jesu Kopf. Jesus liegt dabei schon zu Tisch[3]. Die Beschreibung der Kostbarkeit dieses Öles nimmt sprachlich so breiten Raum ein, daß schon daraus deutlich ist, daß der Luxus des Öles für die Bedeutung des Berichteten grundlegend ist: »ein Alabasterfläschchen mit wertvollem Edelöl[4] aus Narde«. Das Wort pistiké, das hier noch zusätzlich die besondere Qualität des Öles beschreiben soll, ist unübersetzbar[5]. Manchmal wird übersetzt »von *echter* Narde«, was in jedem Fall die Sache trifft. Die Häufung der Worte zur Kennzeichnung der überragenden Kostbarkeit des Öles macht in jedem Fall sicher, daß es sich um die teuerste echte Narde handelt, nicht um billigere Ersatzstoffe, die es auch gab. Die Wörter »Narde« und »Alabasterfläschchen« sind in dieser Zeit Signalworte für Luxus[6].

Antike Quellen über den Luxus mit Parfümstoffen bzw. Parfümölen sind überreich vorhanden. Purpur, Perlen und Parfümstoffe sind Inbegriff des Luxus. Die Preise, die für Luxusparfüme bezahlt werden, sind extrem hoch[7]; in Mk 14,5 werden 300 Denare genannt. Es ist vermutlich nicht falsch, diese Summe im Blick auf Mt 20,1 als Jahresverdienst eines Tagelöhners in der Landwirtschaft zu betrachten – wenn er das Glück hatte, 300mal im Jahr Arbeit zu finden. Die Tat der Frau sprengt jeden Rahmen: solch ein Luxusöl bei einer *gewöhnlichen* Abendmahlzeit dürfte auch bei den Superreichen in Rom nicht üblich gewesen sein. Die im Markusevangelium vorausgesetzten sozialen Verhältnisse legen es nahe, den Gastgeber nicht als reichen Mann anzusehen. Der Preis des Öles geht – nach dem Duktus der Erzählung (»was sie tun konnte, hat sie getan«, 14,8) *über die Verhältnisse der Frau hinaus*. Daß arme Leute sich extrem für Parfümluxus verausgaben, ist auch sonst belegt. Auch als Luxusgabe an einen Toten *sprengt* dieser Luxus *den Rahmen der Bestattung Jesu,* denn die im Zusammenhang mit Bestattungen verwendeten Öle und Parfümstoffe sind natürlich vom Wohlstand der Beteiligten abhängig[8]. Zu Jesu Bestattung paßt das Parfümöl in Mk 16,1, das in Mk 14,3 ist demgegenüber unangemessener Luxus[9]. Die Übertreibung des Handelns der Frau paßt dazu, daß sie eigentlich keine Funktion in diesem Hause hat, die sie zu dieser Handlung veranlassen könnte: Sie ist nicht die Gastgeberin, von der erwartet werden könnte, daß sie den Gast ehrt.

Man hat darüber diskutiert, ob die Tat der Frau eine prophetische Symbolhandlung sei, mit der sie sich anmaßt, Jesus zum König zu salben[10], so wie einst z. B. Propheten Könige Israels salbten (s. z. B. 1. Kön 1,34; 2. Kön 9,1ff.[11]). Für diesen Zusammenhang kann angeführt werden, daß das Öl auf den *Kopf* gegossen wird wie bei Königssalbungen und daß die Rolle der Frau in dieser Geschichte klarer würde: sie maßt sich die Rolle einer Prophetin an und wird darin von Jesus bestätigt. Doch gegen die Deutung als Königssalbung spricht, daß der Text nichts davon sagt, statt dessen aber sehr nachdrücklich den

Luxus des Öls betont. Es ist ein Öl, das in Königspaläste paßt – und nicht in das Haus eines gewöhnlichen jüdischen Mannes. Aber deshalb gibt der Text noch keinen Hinweis auf die Königssalbung, zu der in der Regel auch eine Proklamation gehört (»es lebe der König«, 1. Kön 1,34 z. B.). Jesus ist zudem für den Kontext Markusevangelium der Messias und muß nicht mehr zum Messias gesalbt werden[12]. Seine Messianität wird durch seine bevorstehende Hinrichtung in Frage gestellt (s. nur Mk 8,31–38). Man könnte also eher argumentieren, daß sie einen Messias, der eigentlich bald keiner mehr ist, als König ehrt, nicht aber, daß sie eine symbolische Handlung begeht, die an eine formelle Königssalbung als Einsetzung in die Königsmacht anknüpft. Gegen die Anknüpfung an Königssalbung spricht auch die Mahlsituation. Die Salbung des Kopfes der Gäste bei einem festlichen Mahl ist in der Antike – nicht nur im Judentum – gängig[13], an sie müssen damalige HörerInnen der Geschichte gedacht haben. Jedoch ist festzuhalten, daß die Hypothese, es handele sich um eine Anspielung an Königssalbung, zurecht darauf aufmerksam macht, daß der Rahmen einer normalen Gastehrung gesprengt ist[14].

Eine Frau, die nicht die Gastgeberin ist, salbt einem Gast den Kopf mit einem Luxusöl, das in die Häuser der Reichen und die Paläste der Könige gehört, aber nicht in dieses Haus. Der Gast ist der König der Juden, der am Kreuz hingerichtet werden wird, also gerade dabei ist, seine Macht zu verlieren, wobei er ja nie eine Macht hatte, wie normalerweise Könige sie haben. Die Frau behandelt ihn wie einen König. Es gibt ein Gleichnis von Hillel, das ich zum Verständnis dieser Geschichte hilfreich finde. Es ist ein Gleichnis von der Gottebenbildlichkeit. Hillel der Alte verabschiedete sich von seinen Schülern nach Schluß des Lehrvortrages und ging noch ein paar Schritte mit ihnen. Da fragten ihn seine Schüler: Rabbi, wohin gehst du? Da sagte er zu ihnen: um ein Gebot zu tun. Da sagten sie zu ihm: Und was ist denn das für ein Gebot? Da sagte er zu ihnen: zu baden im Badehause. Da sagten sie zu ihm: Ist das denn ein Gebot? Da sagte er zu ihnen: Ja; denn wenn schon das Bild der Könige, das man in den Theatern und Zirkussen aufstellt, von den kaiserlichen Beamten geputzt und gewaschen wird, ja sogar solche Beamten sich vornehm gerieren mit den Vornehmen des römischen Kaiserreiches! Ich, der ich geschaffen bin, in Bild und Gleichnis, denn es steht geschrieben: »im Bilde Gottes machte Gott den Menschen« – um wieviel mehr![15] Diese Hillel-Bildrede knüpft an die Sitte an, Königs- und Götterstatuen zu waschen und auch zu salben (was hier nicht eigens erwähnt wird)[16]. Das Baden des Menschenkörpers, der Gottes Ebenbild ist, ist Gottes Gebot, das mehr Gewicht hat als die politische Anordnung, die die kosmetische Pflege der Kaiserstatue vorsieht. Der Menschenkörper ist Gott näher und heiliger als eine Kaiserstatue. Die Kaiserstatuen sind Statthalter der Kaiser in Rom (zu dieser Zeit). Ich bin Gottes Statthalter, sagt Hillel. Diese hintersinnige Disqualifizierung der politischen Kaiserverehrung durch das Baden im Badehause scheint mir für die Salbung in Bethanien wegen des Verständnisses des *Körpers* hilfreich zu sein. Die Frau behandelt Jesu Leib (s. Mk 14,8) als kostbar, kostbarer läßt sich nichts mehr denken, denn das Öl ist in seinem Luxus durch nichts mehr zu überbieten. Die Kopfsalbung der Gäste wird immer wieder als Ausdruck der übergroßen Festfreude verstanden, die sich im Freudenzustand der Leiber ausdrückt[17]. Der Kontrast zwischen Jesu Lebenswirklichkeit als Märtyrer und der Kostbarkeit seines Leibes, die diese Frau zelebriert, ist nicht größer zu denken.

Es gibt eine Märtyrerlegende, die diese Deutung bestätigt. Von Thekla wird folgendes erzählt: Sie ist zum öffentlichen Tierkampf und damit zum Tode verurteilt. In der Arena sitzt eine Volksmenge, die gegen sie ist. »Führe die Tempelräuberin herein«, ruft diese Menge. Aber ebenso deutlich artikuliert sich eine Frauengruppe, die auf Theklas Seite ist. Sie rufen: »Daß doch die Stadt unterginge wegen dieses Frevels, töte uns alle, Statthalter; kläglisches Schauspiel, schändliches Gericht.« Thekla bleibt durch Wunder am Leben. Sie wird zunächst von einer Löwin gegen die anderen Tiere verteidigt. Als diese Löwin von einem Löwen getötet wird, klagen die Frauen noch lauter.

Andere wilde Tiere werden hereingelassen. Thekla betet und wirft sich in eine Grube voll Wasser: »Jetzt ist der Zeitpunkt gekommen, mich zu waschen. Im Namen Jesu Christi taufe ich mich am letzten Tage!« Die gefährlichen Tiere im Wasser sind durch ein Wunder tot. Als aber andere schreckliche Tiere losgelassen wurden, klagten die Frauen, und die einen warfen Grünes, die anderen Narde, andere Zimt und andere Amomum hinab, so daß eine Menge Spezereien (mýron, vgl. Mk 14,3) dort waren. Die wilden Tiere sind wie vom Schlaf befangen und rühren sie nicht an. Weitere wunderbare Ereignisse bewirken, daß der Statthalter sie vom Tierkampf befreit. »Die Frauen aber schrien alle mit lauter Stimme und lobten Gott wie aus einem Munde«[18]. Diese Geschichte von Frauensolidarität mit einer Märtyrerin ist insofern Mk 14,3–9 vergleichbar, als mit ähnlichem Luxus die todgeweihte Frau gesalbt wird wie Jesus. Die Frauengruppe wirft kostbare Parfümstoffe und Öle in die Arena. Die vorangegangene »Waschung« und Selbsttaufe wird durch die Parfümierung und Salbung fortgeführt. Die Handlung basiert einerseits auf der üblichen Körperpflege, andererseits auf Huldigungsriten, bei denen Aromastoffe und Öle vor den Ehrenpersonen ausgeschüttet und gestreut werden[19]. Beide Assoziationen sind für die Beteiligten deutlich. Zugleich sind sie durch die reale Situation der Märtyrerin verfremdet. Die todgeweihte Verkündigerin des Christusglaubens in der Arena mitten unter den wilden Tieren wird mit kostbaren Gerüchen und Ölen umgeben. Daß die wilden Tiere durch diese Düfte in Schlaf versetzt werden, könnte als Nebenwirkung der edlen Gerüche interpretiert werden, doch halte ich eine solche rationalistische Erklärung des Wunders für textfern. Im Mittelpunkt steht die Huldigung und Pflege des Leibes der Märtyrerin als Akt öffentlicher Solidarität und Verehrung der in diesem Leibe präsenten Gottesmacht, die so groß ist, daß die Stadt wegen dieses Frevels untergehen könnte, wie zum Schluß selbst der Statthalter fürchtet.

Aufgrund dieser Geschichte, die in ihrem Gehalt nicht von Mk 14,3–9 abhängig ist, also eine unabhängige Parallellegende ist, meine ich die Deutung der Salbung in Mk 14,3–9 befestigen zu können: sie drückt Solidarität und Huldigung des todgeweihten Märtyrers aus, dessen Leib so kostbar ist wie der Leib der Könige. In Mk 14,3 wird die Salbung des Kopfes eines Gastes und die dabei gefeierte Festfreude verfremdet, in der Theklalegende die der kosmetischen Salbung und der Huldigung. Beide Male sind es demonstrative und phantasievolle Akte von Frauensolidarität gegenüber einem von der staatlichen Gewalt zum Tode verurteilten Menschen. Beide Male ist im Leibe des todgeweihten Menschen die Macht Gottes gegenwärtig. Jesus ist in dieser Geschichte der Messias, trotzdem scheint es mir mit der Tradition christologischer Engführungen zusammenzuhängen, wenn die Frau in dieser Geschichte wie die Frauengruppe, die mit Thekla solidarisch handelt, als Nebenfigur erscheint[20], was sich in Gattungsbestimmungen wie »Streitgespräch« oder »biographische Anekdote« (sc. Jesu) ausdrückt. Mk 14,3–9 gehört zu den *Märtyrerlegenden*, in denen nicht nur das Vorbild und die Bedeutung der MärtyrerInnen ausgedrückt wird, sondern auch, wie solidarisches Handeln von ChristInnen aussieht.

In Mk 14,8 deutet Jesus die Salbung als vorausgenommene Salbung seines Leibes zur Bestattung. Damit wird der Bezug zu dem Brauch hergestellt, die Leichen ebenso zu waschen und zu salben, wie es die übliche Körperpflege bei den Lebenden ist[21]. Die Anwendung von Aromastoffen und Ölen bei Leichenbegängnissen[21] und die Ehrung von Toten durch Parfümöl, das auf die Leiche geschüttet wird (Mk 16,1 parr.)[21], sind damit nicht identisch. Mit der Deutung Jesu in Mk 14,8 wird der Bezug der Salbung auf Jesu Martyrium und ihre Bedeutung als Ehrung und Pflege des Körpers betont.

Mk 14,4–6 berichtet von einem unverständigen Protest einiger Leute, die bei dem Mahl anwesend sind. Im Sinne des Textes ist der Einwand ernstgemeint[22], aber ohne Einsicht in die Bedeutung der Salbung. Die Protestierenden sehen nur die *apōleia*/das Vernichtetwerden eines Wertes. Es ist nicht ganz zutreffend, *apōleia* mit »Verschwendung« zu übersetzen[23]. Die

Frau hat verschwendet, und ihre Verschwendung ist wichtig, die Protestierenden aber begreifen die Verschwendung nur als Vernichtung eines Wertes. Plinius d. Ä. argumentiert ähnlich gegen Parfümluxus: »Unter allen Grundstoffen des Luxus sind die Salben wohl das, was am meisten überflüssig ist. Perlen nämlich und Edelsteine gehen auf den Erben über, Kleider halten eine gewisse Weile: Salben verdunsten rasch und verschwinden nach Ablauf ihrer Stunden« (Plinius d. Ä., Nat. hist. XIII, 20). Plinius denkt vom Standpunkt des Besitzenden aus, die gegen die Salbung Jesu protestierenden Leute denken von der Verpflichtung zur Armenfürsorge her, die es in der alten Welt nur im jüdischen Volk gab. Man hätte den überflüssigen Luxus verkaufen können und den Erlös für die Armen verwenden können. Dieser Einwand hat in der Auslegungsgeschichte die Diskussion dieses Textes vor allem bestimmt. Man hat sich den Kopf zerbrochen, ob hier Armenfürsorge disqualifiziert werde, ob eine Rangfolge hergestellt werden solle zwischen Jesusverehrung und Armenfürsorge, wobei gelegentlich sogar der Luxus der Jesusverehrung in Zusammenhang mit der kostbaren Ausstattung christlicher Kirchen gebracht wurde. Chrysostomos findet die Armenfürsorge wichtiger als den kostbaren Kirchenschmuck. Er hilft sich bei seiner Auslegung der Salbung in Bethanien damit, daß er sagt, das Öl sei schon ausgegossen gewesen, es wäre ja doch nicht mehr zu retten. Aber wenn jemand dich *vorher* fragt, ob er die Kirche schmücken soll oder das Geld den Armen geben, dann befiehl, es den Armen zu geben[24]. Doch diese verschiedenartigen Überlegungen der Auslegungsgeschichte, die von einer Alternative Armenfürsorge oder Jesusluxus im Sinne dieser Geschichte ausgehen, gehen am Text von Mk 14,3–9 (auf die Parallelversionen ist hier nicht einzugehen) vorbei. Für Mk 14,3–9 ist Armenfürsorge sinnvoll und notwendig (»wenn ihr wollt, könnt ihr ihnen Gutes tun«, Mk 14,7) und gerade *keine* Alternative zum Luxus der Salbung Jesu. Der Protest kommt aus dem Unverständnis für die Salbung (»Vernichtung« von Werten) und stellt aus Unverständnis die Alternative her. Jesus aber rückt dieses Fehlurteil zurecht: Die luxuriöse Salbung des Todgeweihten ist jetzt das Richtige und Notwendige, aber sie ist keine Alternative zur Armenfürsorge. Durch den ausführlichen Protest und seine Betonung der Aggressivität der Protestierenden gegen die Frau (Mk 14,4 »zürnten«; 14,5 »sie schnaubten gegen sie«; 14,4 »Vernichtung«) wird im Duktus der Erzählung die Bedeutung des Handelns der Frau betont. Sie tut das jetzt einzig Richtige.

Die Verschwendung und Übertreibung, der Luxus und die Verausgabung sind wohltuend für Jesus im Angesicht seines Todes. Es ist die Verschwendung und Übertreibung der Parteilichkeit für den Weg Jesu, die sich in der Handlung der Frau ausdrückt. Der vom Tode bedrohte Jesus fühlt sich durch diese parteiliche Solidarität verstanden und gestärkt. Für die Nichtbetroffenen erscheint parteiliche Liebe und Solidarität wohl immer als Übertreibung und überflüssiger Luxus. Es ist kein Zufall, daß der Luxus der parteilichen Liebe und die Übertreibung der Solidarität von einer *Frau* erzählt wird. Darin berührt sich Mk 14,3–9 mit allen Parallelversionen (Mt 26,6–13; Lk 7,36–50; Joh 12,1–8) und mit der Tradition von dem Gang der Frauen zum Grabe Jesu (Mk 16,1–8 parr.), die auch eine Frauensolidaritätsgeschichte mit einem aus politischen Gründen Hingerichteten ist[25]. Auch die Theklaakten gehören in diesen Zusammenhang. Darin drücken sich historische Erfahrungen der meist unsichtbar gemachten Frauengeschichte aus. Aus der Perspektive patriarchaler Ordnungen ist solches Verhalten Übertreibung und überflüssiger Luxus. Aus der Perspektive der Leidenden ist es liebende Solidarität. Wenn ich diese Geschichte als typische Frauengeschichte bezeichne, dann nicht deshalb, weil Frauen »von Natur« etwa liebevoller, besser, solidarischer wären als Männer, sondern deshalb, weil die gesellschaftliche Geschlechterhierarchie sie manchmal dazu bringt, sich die Bedürfnisse Leidender besser vorstellen zu können als Männer, die von der Gesellschaft dazu gebracht werden, sich möglichst nicht betreffen zu lassen.

Bei Minucius Felix polemisiert ein Römer gegen christliche

Lebensweise: »Ihr bekränzt nicht mit Blumen euer Haupt, gönnt dem Leib keine Wohlgerüche. Ihr spart Salben auf für die Leichname, versagt aber dafür den Gräbern die Blumenkränze, ihr schlotternden Bleichgesichter ... So ersteht ihr Armen weder *nach* dem Tode noch lebt ihr *vor* demselben« (Oct. XII 6). Dieser Text macht deutlich, daß die Frau bei der Salbung in Bethanien das *Leben* Jesu im Angesicht des Todes gefeiert hat. Jesus hat, wie Mk 14,3–9 berichtet, verstanden, daß dieser Luxus nicht im Widerspruch zur Armenfürsorge steht. Aber die namenlose Frau aus Bethanien scheint keine Nachahmung in späteren Generationen von Christinnen und Christen gefunden zu haben, deren Luxusaskese der Römer bei Minucius Felix kritisiert und sie als pallidi trepidi/schlotternde Bleichgesichter verspottet. Die namenlose Frau hat ein einzigartiges und unübersehbares Zeichen für die Kostbarkeit des Lebens gesetzt.

Der mit der Gottesmacht begabte Leib Jesu wird im Angesicht des Todes in festlicher Lebensfreude geschmückt. Die überschwengliche Handlung der Frau gilt dem Messias. Doch haben auch Menschen in Jesu Nachfolge sich als Gesalbte verstanden. Theophilus (v. Antiochien, Ende 2. Jahrhundert) schreibt an Autolykos: »Deshalb also heißen wir Christen[26], weil wir mit dem Öle Gottes gesalbt sind« (I 12). Hier ist noch eine Spur davon erkennbar, daß Jesu Salbung, Jesu Messianität und seine Begabung mit Gottesmacht ihn nicht von Menschen trennt, sondern sie mit ihm verbindet.

Anmerkungen

1. Über die in der Auslegungsgeschichte vorkommenden Spekulationen dazu informieren Kommentare z. St.
2. Der Titel eines für feministische Hermeneutik grundlegenden Buches von Elisabeth Schüssler Fiorenza nimmt auf die Namenlosigkeit der Frau, deren Name eigentlich nach Jesu willen unter ChristInnen gedacht werden sollte, programmatisch Bezug: »Zu

ihrem Gedächtnis. Eine feministisch-theologische Rekonstruktion der christlichen Ursprünge«, München 1988.
3. In einigen Kommentaren wird gesagt, eine Salbung *während* eines Mahles sei ungewöhnlich, aber der Text sagt gar nicht, daß das Mahl schon begonnen hat (s. z. B. E. Lohmeyer; R. Pesch z. St.).
4. myron/Salböl ist edler als elaion/Öl, s. Lk 7,46.
5. s. Bauer WB s. v.
6. S. J. Marquardt, Das Privatleben der Römer Teil II, Darmstadt 1975 (Nachdr. v. 1886), 785f.
7. Umfassende Information: Plinius d. Ä., Nat. hist. Buch XIII.
8. s. das Material zum Luxus der Reichen bei Leichenbegängnissen: L. Friedländer, Darstellungen aus der Sittengeschichte Roms Bd. 2, Aalen 1964 (Nachdr. v. 1922) 361f. und Josephus, Ant. 15,61.
9. vgl. Joh 19,39; dazu s. L. Schottroff, »Mein Reich ist nicht von dieser Welt«. Der johanneische Messianismus, in: J. Taubes (Hg.), Gnosis und Politik, München u. a. 1984 (97–108), 101 (Anm. 6).
10. Ich nenne hier VertreterInnen der These, es handle sich um prophetische Königssalbung: J. Schniewind, Das Evangelium nach Matthäus, Göttingen 1950, 257; H. Sahlin, Zwei Fälle von harmonisierendem Einfluß des Matthäus-Evangeliums auf das Markus-Evangelium, in: StTh 13, 1959, 166–179; J. K. Elliott, The Expository Times 85, 1974, 105–107; Elisabeth Moltmann-Wendel, Ein eigener Mensch werden. Frauen um Jesus (1980), Gütersloh ⁵1985, 101f.; Elisabeth Schüssler Fiorenza, In Memory of Her, New York 1983; deutsch München 1988, 12.203f.; Ulrike Suhr, Die salbende Frau, in: Karin Walter (Hg.), Zwischen Ohnmacht und Befreiung. Biblische Frauengestalten, Freiburg u. a. 1988 (139–147), 143; Renate Jost, Markus 14,3–9, in: Eva Renate Schmidt, Mieke Korenhof, Renate Jost (Hg.), Feministisch gelesen, Stuttgart 1988 (186–195), 186f. Obwohl diese Deutung aus dem Text nicht zu begründen ist, halte ich das feministische Interesse, das sich mit dieser Deutung verbindet, für dem Text angemessen. Das Interesse der feministischen Deutungen richtet sich darauf, die »angemaßte« Autorität des Handelns der Frau zu benennen, die den Rahmen des für Frauen gesellschaftlich Erlaubten und Vorgegebenen sprengt. M. E. hat sie sich die Rolle des Gastgebers »angemaßt«, die sie aber auch noch sprengt.
11. Zur Königssalbung s. das Material bei E. Kutsch, Salbung als

Rechtsakt im Alten Testament und im Alten Orient, Berlin 1963, 33ff.

12. s. nur Mk 8,27ff. Theoretisch können auch Überlegungen über eine vormarkinische Gestalt dieser Legende angestellt werden, wie es in vielen literarkritischen Theorien geschieht (z. B. V. 8 und 9 seien sekundär gegenüber V. 3–7; zur Information über solche Theorien s. die Kommentare). Doch müßte man dann schlicht *voraussetzen*, die vormarkinische Geschichte sehe Jesus nicht schon als Messias und König der Juden an, er werde es erst durch die Salbung. Diese Voraussetzung wäre nicht begründbar. Ich gehe bei meiner Interpretation vom jetzigen Textbestand in seinem literarischen Kontext aus. Daß die Geschichte in ihrer Substanz älter ist als das Markus-Evangelium, bezweifle ich nicht, ich vermute sogar, daß sie auf einer historischen Begebenheit beruht.

13. Ps 23,5; Koh 9,8; Lk 7,46; eine Asarhaddon-Inschrift s. bei R. Borger, Die Inschriften Asarhaddons, Königs von Assyrien (AfO Beitr. 9), Graz 1956, 63; s. dazu W. Schottroff, Psalm 23, in W. Schottroff/W. Stegemann, Traditionen der Befreiung I, München 1980, 104; Horaz, od. II 7,8.22; 11,16; III 29,4; epod. 13,8; s. auch S. Krauß, Talmudische Archäologie III, Hildesheim 1966 (Nachdr. v. 1912), 43; Billerbeck I 427. Die Belege lassen sich vermehren.
Zu Lk 7,36–50 s. auch L. Schottroff, Die große Liebende und der Pharisäer Simon, in: Leonore Siegele-Wenschkewitz (Hg.), Verdrängte Vergangenheit, die uns bedrängt, München 1988, 147–163.

14. s. o. Anm. 10.

15. Lev. r. Par. 34,3 vgl. z. B. P. Fiebig, Die Gleichnisreden Jesu, Tübingen 1912, 7f.

16. Belege bei Kutsch a.a.O. (s. Anm. 11) 4.44f.; Marquardt a.a.O. (s. Anm. 6) II 785; vgl. auch Minucius Felix, Oct. III, 1.

17. s. die Belege Anm. 13, bes. Ps. 23,5 und die Horazstellen.

18. Deutsche Übersetzung in: E. Hennecke/W. Schneemelcher (Hg.), Neutestamentliche Apokryphen II 1964, 249 = Acta Pauli et Theclae 32–38.

19. A. Bücheler, Das Ausgießen von Wein und Öl als Ehrung bei den Juden, in: Monatsschrift für Geschichte und Wissenschaft des Judentums 1905, 49, 12–40.

20. W. Schmithals, Das Evangelium nach Markus, Gütersloh, z. St.

1985² (1979): Er hält V. 9 für markinische Zutat zur Salbungsgeschichte: »Der historisierenden Tendenz des Evangelisten ist auch die Geschmacklosigkeit zuzutrauen, mit dem Höhepunkt der Geschichte den Blick von Jesus wegzuwenden, dem doch der Dienst der Frau galt.« In diesem Satz wird unfreiwillig deutlich, daß Wissenschaft eine Perspektive hat, sie lenkt auf etwas den Blick oder auch nicht, legt nur ihre Perspektiven in der Regel (jedenfalls in der bundesrepublikanischen wissenschaftlichen Theologie) nicht offen. Die Perspektive auf Jesus wird hier als notwendige Alternative zum Blick auf die Frau, der unangemessen sei, erklärt. Der Text lenkt den Blick aber auf beide (selbst ohne V. 9). Die Abtrennung von V. 9 in einer literarkritischen Operation ist Produkt eines Androzentrismus, der sich als Christologie ausgibt. Zur feministischen Kritik an der Auslegung von Schmithals s. auch Renate Jost a.a.O. (s. Anm. 10) 189f.

21. s. das Material bei L. Schottroff, Maria Magdalena und die Frauen am Grabe Jesu, Ev. Th. 42, 1982 (3–25), 15.
22. Der Text gibt keinen Anlaß, den Protest als Vorwand zu verstehen, der nicht ernsthaft an der Armenfürsorge interessiert ist, wie häufig in den Auslegungen angenommen wird.
23. s. nur W. Bauer WB s. v. »Vergeudung«.
24. Joh. Chrysostomos zu Mt 26,6–13; weitere Materialien zur alten Auslegungsgeschichte bei R. Storch, »Was soll diese Verschwendung?«, in: E. Lohse u. a. (Hg.), Der Ruf Jesu und die Antwort der Gemeinde, Göttingen 1970, 247–258.
25. s. dazu L. Schottroff a.a.O. (s. Anm. 21).
26. Das griechische Wort »*christianoi*« taucht Apg 11,26 zuerst auf. Zur Diskussion über mögliche Deutungen dieser Bezeichnung s. die Kommentare.

LUISE SCHOTTROFF

Wir haben hier keine bleibende Stadt ...
Erfahrungen mit meiner Heimat

Meine Heimat ist Trebatsch Krs. Beeskow-Storkow in der Mark Brandenburg. Da habe ich als Kind gelebt, bis zu meinem 13. Lebensjahr. Daß ich dort meine Heimat habe, merke ich, wenn ich irgendwo in Westdeutschland Kiefern und Sandboden sehe. Dann überfällt mich die Sehnsucht nach meiner Heimat: nach dem Geruch von Pfifferlingen und dem Gefühl des warmen Sandes unter den nackten Füßen. Selbstverständlich fällt mir zu Pfifferlingen heute auch sofort Tschernobyl ein. Selbstverständlich erinnere ich mich auch an einen Spaziergang am Schwielochsee in meiner märkischen Heimat vor wenigen Jahren, der mir zum Alptraum wurde, weil die Kiefern durch die Umweltverschmutzung teils getötet waren, teils zu schütteren Baumgespenstern gemacht worden waren. Meine Heimat ist das duftende, sonnige Land meiner Kinderzeit. Damals war Krieg. Ich wußte, was Krieg ist, und ich wußte, was Konzentrationslager sind und daß Nazideutschland alle jüdischen Menschen, die es erreichen konnte, ermorden wollte. Ich wußte das und habe doch meine Kindheit als wohlige Heimat mit duftenden Kornfeldern und klaren Seen, über denen die Libellen tanzen, in Erinnerung. Eine Szene ist in meiner Erinnerung, die die Paradoxie der Kinderheimat deutlich macht. Mein älterer Bruder sollte als 14jähriger kurz vor Kriegsende noch in eine Munitionsfabrik »dienstverpflichtet« werden. Meine Mutter versuchte diese Wegnahme ihres Kindes zu verhindern, indem sie uns beide in den nahen Wald von Mittweide schickte. Als mein Bruder »abgeholt« werden sollte, war er unauffindbar. Wir saßen in einer Waldlichtung und bauten aus dem weißen Sand Schiffe, die wir uns dann mit Sand »geschossen« gegenseitig versenkten. In unserem Spiel war der Krieg präsent, in unserer Realität war ebenfalls der Krieg präsent, doch für uns waren die Sonne, der Sand und der Geruch des Waldes wirklicher. Meine Heimat ist das märkische Land meiner Kinderzeit. Sie ist unerreichbar – nicht wegen der (inzwischen geöffneten) Grenze, sondern weil es diese wunderbare Verwurzelung in der Heimat wohl nur einmal im Leben für Kinder, die etwas Glück haben, geschenkt gibt. Meine Heimat ist unerreichbar und doch bestimmt sie mein ganzes Leben. Aus der Verwurzelung in meiner Heimat und dem Haus meiner Eltern beziehe ich immer noch Kraft.

Ich habe meine Heimat in den letzten Jahren mehrfach besucht. Mit dem Älterwerden suche ich immer nach den Plätzen der Kinderzeit. Mit jedem Pflasterstein in meinem Heimatdorf kommt die Erinnerung. Aber es kommt zugleich die Realität damals und heute vor meine Augen. Ich sehe die Wirklichkeit meiner Heimat, die die verklärte Erinnerung ausblendet.

Wo ist denn heute meine Heimat, nicht meine Kinderheimat, sondern die Erwachsenenheimat? Ich wohne seit meinem 18. Lebensjahr in Westdeutschland. Hier ist also meine Erwachsenenheimat. Hier habe ich den Aufbau eines skrupellosen Kapitalismus erlebt, der lange Jahre ein freundliches, demokratisches Gesicht hatte, so lange man nicht auf die Zweidrittelwelt sah. Jetzt wird immer deutlicher der Preis sichtbar, den kommende Generationen für unseren kurzfristigen Luxus werden zahlen müssen. Wir haben eine medizinische Technologie, die es ermöglicht, uralt zu werden. Und wir haben Energiegewinnungstechnologien – die Atomkraftwerke –, die Kinder an Leukämie sterben lassen. Was wird es für meine Enkel und Urenkel bedeuten, daß meine Generation hemmungslos und weltweit Wasserreserven und Wälder vernichtet hat? Hier in Westdeutschland ist meine Heimat, die ich im Zorn liebe. Ich verteidige meine Heimat, indem ich mich mit anderen zusammen gegen die dämonischen Mächte der industriellen Großtechnologien wehre. Diese dämonischen Mächte erscheinen so unbesiegbar, weil sie sich so viele Menschen einverleiben: die entscheidungsbefugten Manager der Hoechst AG, die Menschen, die bei Hoechst arbeiten, und vor allem die, die aus den Gewinnen der Giftproduktion Profite erzielen, die ihnen jeden Luxus erlauben. Mit meiner Heimat Westdeutschland heute kann ich mich nur identifizieren, wenn ich Widerstandsarbeit tue, wenn ich mich am Widerstand gegen den Rüstungsexport, die Großindustrie und die militärischen Mordanlagen beteilige. Ich liebe meine Heimat in Trauer über ihre mörderische Geschichte, ihre profitorientierte mörderische Gegenwart und in Angst um die Zukunft der Kinder.

Und meine Heimat im real existierenden Sozialismus? Die DDR ist ebenfalls meine Heimat, auch wenn ich in ihr nicht lebe. Meine Heimat DDR habe ich immer geliebt, weil sie durch den Antikommunismus im Westen verleumdet und gequält wurde. Gegen den Antikommunismus, der als tragendes Element die deutsche Geschichte im Kaiserreich, im Nationalsozialismus und im kapitalistischen Westdeutschland vereint, mußte ich meine Heimat DDR verteidigen, auch wenn ich ihre Ungerechtigkeit und Unbeweglichkeit erkannte. Der Antikommunismus mit seiner ökonomischen und militärischen Gewalt hat die Geschichte meiner Heimat DDR so sehr deformiert, daß ich über ihre Fehler erst schimpfen kann, nachdem ich klargestellt habe, daß unser westdeutscher Antikommunismus entscheidend mitverantwortlich ist für die Fehler. Aber wenn ich dann in früheren Jahren an die Grenze kam und die Volkspolizisten waren bürokratisch und muffig, die Grenzbaracken sahen aus wie damals im Krieg und bei der Rückfahrt wurden Spiegel unters Auto geschoben, damit wir nicht einen Menschen aus der DDR rausschmuggelten, dann hatte ich eine Wut. Diese Wut gehörte zu den DDR-Reisen dazu. Auch der Kontrast zwischen dieser Wut und der Vertrautheit mit der Landschaft und den Menschen. Die gegenüber unserem westdeutschen Luxusreichtum relative Armut hat das Land meiner Heimat DDR vor manchen Zerstörungen bewahrt, auch die Menschen. Dort hören sich die Leute aufmerksam zu und sprechen mehr miteinander als bei uns. Das ist meine höchst subjektive Beobachtung.

Meine Erwachsenenheimaten Bundesrepublik und DDR waren durch eine Grenze geteilt, deren Notwendigkeit ich nicht nur historisch begriffen habe – als Folge der Gewalttätigkeit »Groß«deutschlands vor 1945 –, sondern auch aus der politischen und ökonomischen Wirklichkeit. Man stelle sich vor, die westdeutsche Rüstungsindustrie und die daraus resultierende ökonomische Macht könnte auch noch großdeutsche Züge annehmen! Als die Grenze im November 1989 durchlässig wurde, habe ich vor Freude geweint. Ich sehe heute die große Aufgabe für deutsche Menschen daran zu arbeiten, daß meine zwei Heimaten nicht wieder zu »Groß«-deutschland werden, sondern zu einem bescheidenen Land, bescheidener als die Bundesrepublik, in dem für Gerechtigkeit, Frieden und Bewahrung der Schöpfung gearbeitet werden kann.

Der Hebräerbrief deutet den Weg der urchristlichen Gemeinde als Wanderung zum himmlischen Jerusalem. Das himmlische Jerusalem, der neue Himmel und die neue Erde sind die wahre Heimat. Der Alltag in der real existierenden Heimat wird als Weg mit einem klaren Ziel gestaltet. Die Erinnerung an diese Tradition hilft mir, die Zerrissenheit meiner Heimatbeziehungen wieder zusammenzubringen: die Erfahrung von Heil in der vom Krieg gezeichneten Kinderheimat, die Erfahrungen von Wut, Widerstand und Liebe im Umgang mit meinen zwei Erwachsenenheimaten. Ich kann nur hoffen, daß meine Wege über die Grenze zwischen Deutschland und Deutschland von einem Ziel geleitet waren. Dieses Ziel, der neue Himmel und die neue Erde, riecht für mich ein bißchen wie sandiger Waldboden in der Mark Brandenburg. Dieses Ziel gestaltet den Weg als Arbeit für Gerechtigkeit in meinen Heimaten und für die Kinder, die auf dem Boden leben können sollen, in dem ich wohl mal begraben sein werde.

Anne E. Carr

Frauen verändern die Kirche

Christliche Tradition und feministische Erfahrung. Mit einer Einführung von Elisabeth Moltmann-Wendel. Aus dem Amerikanischen von Marianne Reppekus. 320 Seiten. Deutsche Erstausgabe.
(GTB 497)

Ein versöhnlicher Grundton bestimmt dieses Buch der amerikanischen Theologin. Anne E. Carr bleibt nicht bei der klagenden Bestandsaufnahme patriarchaler Theologie stehen. Ihr geht es um eine Veränderung in Theologie und Kirche durch die Frauen, um eine »Theologie der Gnade«. Sie versucht dabei zwischen akademischer, kirchlicher und feministischer Theologie zu vermitteln.

In diesem Rahmen ortet sie eine feministische Position, die es Frauen erlaubt, zu ihren eigenen Erfahrungen zu stehen und mit neuen christlichen Symbolen überkommene Strukturen der Theologie und der Kirche aktiv zu verändern.

Gütersloher Verlagshaus Gerd Mohn

Catharina J. M. Halkes

Das Antlitz der Erde erneuern

Mensch – Kultur – Schöpfung. Aus dem Holländischen von Andrea Blome. 208 Seiten. Deutsche Erstausgabe.
(GTB 499)

Wie erreichen wir auf dieser Erde einen Zustand, in dem wirklich Gerechtigkeit, Frieden und Respekt vor der Unverletzlichkeit der Schöpfung herrschen?
Diesen Fragenkomplex erörtert Catharina J. M. Halkes mit den Grundthemen »Natur, Frau und Entstehung von Bildern von Gott, Mensch und Welt«. Wichtige Aspekte von Schöpfungstheologie, Ökofeminismus, theologischer Anthropologie und ganzheitlicher weltverantwortlicher Spiritualität liefern ihr dabei entscheidende Deutungsansätze. Indem sie ihre konkrete Utopie entwickelt, deckt sie die männlich dominanten Grundlagen der westlichen Kultur auf, die einer Verwirklichung entgegenstehen.

Gütersloher Verlagshaus Gerd Mohn